직설

직설

지은이 · 박영선 김관성
초판 발행 · 2016. 4. 18
8쇄 발행 | 2024. 7. 23
등록번호 · 제1988-000080호
등록된 곳 · 서울특별시 용산구 서빙고로 65길 38
발행처 · 사단법인 두란노서원
영업부 · 2078-3352 FAX 080-749-3705
출판부 · 2078-3331

책 값은 뒤표지에 있습니다.
ISBN 978-89-531-2458-5 03230

편집부에서 독자의 의견을 기다립니다.
tpress@duranno.com   http://www.Duranno.com

두란노서원은 바울 사도가 3차 전도여행 때 에베소에서 성령 받은 제자들을 따로 세워 하나님의 말씀으로 양육하던 장소입니다. 사도행전 19장 8-20절의 정신에 따라 첫째 목회자를 돕는 사역과 평신도를 훈련시키는 사역, 둘째 세계선교(TIM)와 문서선교(단행본·잡지) 사역, 셋째 예수문화 및 경배와 찬양 사역, 그리고 가정·상담 사역 등을 감당하고 있습니다. 1980년 12월 22일에 창립된 두란노서원은 주님 오실 때까지 이 사역들을 계속할 것입니다.

기독교 신앙의 실체를 위한
박영선 목사와 김관성 목사의 대담집

直說

두란노

차례

여는 글   박영선 목사   6

1부 삶을 묻다

01 어떻게 살아야 하는지 물으십시오   17
02 진지하게 살아가야 합니다   33
03 죽음 이후가 아니라 하나님을 보십시오   51
04 성숙해 가는 하나님의 사람이 되십시오   69
05 하나님이 일하심을 믿으십시오   77

2부 신앙을 말하다

01 무엇보다 하나님을 알아가야 합니다   91
02 하나님을 향한 믿음 위에 서야 합니다   101
03 하나님 없는 것이 죄입니다   117
04 교회는 생명을 맡은 곳입니다   147
05 결국 하나님이 답이십니다   159

3부 교회를 희망하다

01 가르치고 배우되 그 내용을 넘어서십시오	181
02 설교는 영향을 미치는 것입니다	195
03 목회는 필요한 내용을 나눠주는 것입니다	209
04 우리에게는 하나님이 전제되어야 합니다	227
05 역사 속에서 감당할 몫이 있습니다	237

닫는 글　김관성 목사　260

여는 글

이 책은 꽤 많은 주제들을 다루고 있습니다. 그저 이야기로만 보면 일관성을 찾기가 어려울 수 있습니다. 이 주제들에서 무엇을 공통분모로 했는지, 무엇을 목적으로 했는지를 찾으셔야 합니다. 다루어진 다양한 주제들은 재미있는 주제이지만, 그 주제들이 하나로 나오기까지 공통된 전제가 있었습니다. 삶, 믿음, 일, 배움과 가르침, 가정과 사회와 교회, 리더와 은혜에 대한 질문들이 담겨 있습니다.

이 책에서 내세운 주제들은 그 개념을 철학적으로 탐구하려는 시도가 아니고, 이러한 단어들이 가지는 공통된 현실과 경험을 이해하고 설명하는 신자들만의 독특한 안목과 관점을 드러내려는 데 목적이 있습니다. 신자들은 일반 세상 사람들과 다른 세계관과 정체성을 가지고 있기 때문입니다. 그러한 정체성은 간단한 구호나 주장만으로는 다 설명되지도 않고 담아낼 수도 없습니다. 실존에서 부딪히는 수많은 도전과 위협, 그리고 의심과 갈등 속에서 구별되고 세워지고 자라나고 채워지는 진리와 생명에 관한 것이기 때문입니다.

기독교 신앙인, 즉 성경 지식이 있는 사람들은 성경과 기독교 신앙의 기본을 설명하는 단계를 지나와 있습니다. 그분들은 그 단계를 넘어서, 신앙생활의 더 깊고 무거운 현실을 직면하고 있을 것입니다. 바로 그분들을 위한 안내서로 읽으시면 좋겠습니다.

우리는 여기서, '기독교 신앙인'에 대해 정의할 필요가 있습니다. 기독교 신앙인이 되면 처음에는 본인이 구원을 얻었다고 느끼는 것이 예수를 만난 것입니다. 구원은 곧 새 생명인데, 이것은 영혼에 큰 감동과 잊을 수 없는 경험이 되어 그에 상응하는 현실, 또는 존재가 되기를 각자가 열망합니다. 그 구원과 중생의 감동이 각자의 인생 전반부와 후반부로 분명히 구분될 만큼 강하지만, 실제 신앙생활은 쉽게 변하지 않습니다. 예수를 믿기 전에는 문제도 되지 않던 부분들이 믿은 후 더 복잡하게 확대되기도 합니다. 믿고 나면 질문이 없어질 줄 알았는데 하나님이 없애 주시거나 자신이 극복해야 하는데 둘 다 잘 안 됩니다.

한마디로 정리하면, 이 책에서 다뤄진 주제들은 구원을 얻은 이후의 현실에서 부딪히는 문제들을 뽑은 것입니다. 그것이 주제들의 공통점입니다. 이 모든 문제들에서 예수를 믿고 나면 믿지 않는 사람들과 어떻게 다르게 이해되고 논의되고 씨름하게 되느냐 하는 것입니다. 믿지 않았을 때는 전혀 문제 되지 않았던 것들이 믿었기 때문에 문제가 되고, 믿기 전에 가졌던 승리와 믿고 나서의 승리가 달라집니다. 예수 믿고 헌신하는 일반 성도, 특히 그 일반 성도 됨의 다음 단계를 살아가는 제자 됨의 과정에 있는 신앙인들이 생각해 보아야 할 주제들입니다.

교회에서 헌신해 일하는 것이 전부가 아닙니다. 그다음에 다가오는 어떤 고민과 갈등을 겪어 내면서 각자가 성장합니다. 예수를 믿는다는 것, 신자의 인생을 산다는 것 이 두 가지를 정체성과 인격적 성숙, 그리고 살아 낸다는 것으로 구체적인 답을 만들어 내야 합니다. 여기서 말하는 답은 그 과정과 현상이 지금 우리가 어디를 걷고 있는지를 알게 해 줍니다. 각자가 가고 있는 길에서 고민하고, 한계에 부딪히고, 실패를 반복하는 것이 자신을 만듭니다. 누구나 소원이 있지만 그 소원이 자신의 실력이 되기까지 하나님이 시간을 주십니다. 그 시간 속에서 넘어지고 자빠지면서 운동이 되고, 근육이 붙고, 실력이 자라납니다. 그것이 신앙 인생입니다.

그런 면에서 한국 사회, 특히 한국 교회에서 이런 이야기들은 아직 사치일 수 있습니다. 우리가 논의한 개념이나 주제는 어떤 합의점을 찾는 것이 아닙니다. 그 과정에서 우리가 드러낸 경험이나 이해, 혹은 다른 주장들이 이 책을 읽는 모든 독자들에게 이미 하나님의 일하심 속에 들어와 있다는 것, 그리고 각자의 고민과 방황이 하나님의 품을 떠난 것이 아니라 그 안에 있는 것임을 느끼게 하기 위함입니다.

대담자로서 만난 김관성 목사는 융통성이 있는 사람입니다. 문제에 직면했을 때 어떻게 이해하고 연결해서 받아들여야 할지 모를 때 성질을 내곤 했답니다. 성질을 낸다는 것은 본인이 그 경우를 경험한 이해가 있다는 뜻입니다. 그 지점에 가지 않으면 그 말을 못합니다. 한심하다는 듯이 쳐다보고 있다가 정답을 주장하는 것이 전부가 아닙니다.

한국 기독교는 물론 한국 사회 전체가 서구를 따라잡기 위해 토론을 하거나 공부의 목적과 진정한 가치, 인격과 인간성과는 전혀 무관하게, 특별히 사회적 과정은 생략된 채 카피를 했습니다. 대화라는 것은 "나는 그게 싫어!"라는 것이 중요합니다. "빨간색이 싫어? 왜?"라고 말하는 것이 무례할 수 있지만 그것은 개인이 가진 권리로서의 주장입니다. 모범적인 길이란 없습니다. 다만, 그 사람이 겪은 인생 과정에 하나님이 무엇을 담으시느냐입니다.

여기서 기독교 신앙의 위대함이 나옵니다. 아무데나 담을 수 있다는 것입니다. 사람들은 다 각자의 콘텍스트가 있습니다. 그 다른 콘텍스트에 각자의 스토리를 담는 것입니다. 너무 일찍 정답으로 서두르지 말고 토론이 필요합니다. 실력이 없으니 이것을 할지, 저것을 할지의 선택 정도의 고민만 이야기하게 됩니다. 왜 그 주제인지, 왜 이 지점에서 그 얘기가 나오는지를 보되, 그 안에 어떻게 시대와 신앙과 경험이 들어가는지 살펴야 합니다. 텍스트가 담기기 위해서는 콘텍스트가 만들어지고 도전과 선택으로 경험을 가져야 합니다.

지성, 지성 하지만 지성 자체가 내용은 아닙니다. 하나님이 우리에게 기회를 주신다는 것은 생각하고 판단할 기회를 주신다는 것입니다. 시간이 있다는 것입니다. 하지 않고 그것을 주장하는 것이 아니라 해 보고 주장해야 합니다. 매일 도전이 옵니다.

선택을 요구하는 것이 현실입니다. 현실에서 제3의 길은 없다고 말합니다. 굴복하든지 자폭하든지 하라고 요구합니다. 굴복하기 싫다면 잘난 척이나 하고 살라고 합니다. 그것이 세상의 협박입니다. 세상의 협박은 기만입니다. 그러나 기독교 신앙은 이것이 거짓이라고 합니다. 가지고 이기는 것이 진정한 승리가 아니요 죽음이 끝이 아니기 때문입니다.

신앙 훈련은 신앙생활을 하면서 되는 것이 아니라 세상이 주는 협박과 요구와 유혹에 직면하는 현실에서 이뤄집니다. 최악의 경우에도 하나님은 무엇이든 담으실 수 있다고 증언하는 믿음이 최고입니다. 그것이 십자가입니다. 그 뒤에 부활이 있습니다. 기독교에서 말하는 진정한 죽음은 하나님과의 단절입니다. 억울한 자리에서 죽음을 경험하고, 그 안에 부활을 담습니다. 그 자리를 하나님은 영광을 증언하는 최고의 자리로 삼으십니다.

"한국 교회 신앙이 어리다. 부족하다"라고 지적하는 것은 결코 비난이 아닙니다. 그 지점을 넘어 예수님이 "엘리 엘리 라마 사박다니"라고 하신 그 대목까지 가야 한다는 것입니다. "더 있다"는 것입니다. 그 제시를 해야 합니다. 이 작업은 그 선상에 있었고, 그런 점에서 저에게도 의미 있는 시간이었습니다.

이 책을 읽는 독자들이 기독교 신앙에 대해서 새로운 이해를 가지는 것 이상으로 자기 안에 이미 시작된 하나님의 일하심과 충만하심이 확인되고 격려되기를 바랍니다.

2016년 4월

박영선 목사

1부 　　　　　삶을 묻다

01 어떻게 살아야 하는지 물으십시오
02 진지하게 살아가야 합니다
03 죽음 이후가 아니라 하나님을 보십시오
04 성숙해 가는 하나님의 사람이 되십시오
05 하나님이 일하심을 믿으십시오

01
어떻게 살아야 하는지 물으십시오

김관성 목사님, 안녕하십니까? 목사님의 책으로 큰 영향을 받았던 사람으로서, 목사님을 꼭 한 번 뵙고 싶었습니다. 목사님이 말씀하시고 고민하시는 내용들에 주로 저 같은 사람들이 은혜를 받는 모양입니다. 제 친구들도 목사님을 몹시 좋아해서, 저희끼리 사석에서 목사님 설교나 책에 대한 얘기를 나누곤 합니다.

그런데 현역 목회에서 은퇴하실 즈음의 목사님을 뵈니, 책으로 알았던 목사님과 너무 다른 것 같습니다. 사실 목사님은 불같은 치열함으로 유명하신데, 무척 따뜻하고 인자하셔서 좀 당황스럽습니다. 이게 평소 강조하시던 성화인가 싶기도 하고요. 뭔가 중요한 시간을 통과해 지금 이 자리에 서 계신 느낌입니다.

박영선 젊었을 때는 고민과 생각이 더 치열하긴 했습니다. 친구인 김정우 총신대 교수가 제 책 《박영선의 욥기 설교》(영음사, 2014)를 서평하면서, 제가 신학교 시절부터 한국 교회의 쉬운 해법 신앙에 대해 치열하게 분노했다고 써 주었더군요. 그때는 정말 자주 화를 내고 분노했습니다. 기독교를 피상적으로 만들어 놓고 그 안으로 들어갈 수 없게 해 놓은 것 같았거든요. 전에 분노했던 이유가 더 잘할 수 있는데 왜 이것밖에 되지 못할까였다면, 지금은 한국 교회가 거기까지밖에 갈 수 없었다고 생각합니다. 그다음이 우리 시대, 우리의 책임이었고, 그 너머 향후 30년은 한국 교회가 다음 이야기를 만들어 가야 한다고 봅니다.

김관성 요즘 주로 하시는 고민은 무엇입니까?

박영선 나라와 후손들을 위하여 걱정합니다. 실제로 할 수 있는 일이 없어서 다만 기도합니다. 성경에 있는 약속대로 우리가 행한 대로 갚지 마시고 하나님의 긍휼을 따라 복을 주시옵소서라고요.

김관성 인생에는 정답이 없다고들 하지 않습니까? 목사님이 생각하시는 삶이란 무엇입니까?

박영선 "삶이란 무엇인가"를 묻는 질문에는 아마도 전제가 있을 거라고 생각합니다. "어떻게 살아야 되는가"라는 것입니다. "삶이 무엇인가"라는 질문은 막연한 게 아니라 하나님을 의식하는 것입니다. 신앙인이라면 그렇습니다. 하나님께 막무가내 들이댈 수 없으니 다른 사람에게 물어보지만, 사실 하나님께 들어 달라고 요구하는 것입니다. "하나님, 삶이 무슨 가치가 있습니까? 도대체 제 삶을 어떻게 하시겠다는 것입니까? 저보고 어쩌라는 것입니까?" 아마도 이런 복잡한 심경에서 "삶이란 무엇인가?" 묻는다고 짐작해 봅니다. (웃음)

의식하든 의식하지 않든, 이 질문은 우리의 정체성과 긴밀히 연결되어 있습니다. 저 역시 그런 질문의 길을 지나왔습니다. 단지 삶에 관해 얘기하는 게 아니라, 삶을 주제 삼아 질문을 던지는 이유는 우리가 이해하는 삶과 기대하는 삶이 너무 다르기 때문입니다. 삶은 참 버겁습니다. 모른 척하고 쉬운 답을 주실 수도 있을 텐데, 하나님은 그것을 허락하시지 않습니다.

김관성 그럼 신자라면 삶의 원칙으로 삼아야 할 것이 있습니까? 보편적인 삶의 원칙이라는 게 인생에 존재할 수 있습니까?

박영선 삶의 원칙을 묻는 이유는 최소한 안심의 길에서 벗어나고 싶지 않기 때문입니다. 길을 잃지 않고, 이탈하지 않는 법을 알고 확보하고 싶은 겁니다.

제가 생각하는 삶의 대원칙은 '생명에 대한 본능'입니다. 사람은 위험을 감지하면 놀라서 반응하지 않습니까. 위험한 줄 알고 선뜻 뛰어드는 사람은 없습니다. 예기치 않은 위험을 만나면 자신을 보호하는 것이 생명이 가진 본능입니다.

삶의 대원칙은 그런 본능에 충실하자는 것입니다. 그것이 본능이기 때문에 살아야 하는 겁니다. 죽겠다고 마음을 먹는 것은 그에 역행하는 것입니다. 생명과 생명의 원칙에 대한 역행입니다. 그냥 죽는 사람은 없습니다. 분노이고 포기이며 의지적인 저항입니다. 하지만 삶의 대원칙은 살아야 한다는 것입니다. 그렇다면 "이렇게까지 비참한데도 살아야 하는가?"라고 항변할 수 있습니다. 그러나 항변은 어디까지나 생명의 본능 다음 얘기입니다.

살려고 힘을 쓰는 것이 생명의 원칙입니다. 생명에는 자라고, 무성해지고, 영광스러워지려는 본능이 있습니다. 그러니까 이를 거스르는 어려움은 생명 자체의 문제가 아닙니다. 다른 문제가 개입된 것이지요. 이를테면 생명에 죽음이 들어온 것입니다. 저절로 소멸하는 자체 한계로서 죽음이 들어왔습니다. 우리가 살고 있는 현실에서 죽음이 결과요 한계다 보니, 생명은 결국 죽음으로 끝난다는 의심과 공포를 갖게 된 것입니다.

어릴 때는 얼마나 철이 없습니까. 오토바이를 타고 다니는 게 얼마나 위험한 일인지 자각을 못합니다. (웃음) 겨울에 청바지 입고

산을 타는 게 얼마나 위험한지도 모릅니다. 그때는 생명이 죽음 아래 놓여 있음을 모르기 때문에, 생명의 당연한 본능으로써 모든 것이 가능하고, 모든 것이 승리한다고 여깁니다. 아무것에도 방해받을 리 없다는 배짱 같은 게 있습니다. 그러다가 현실을 알게 되는 것입니다. 세상 모든 것이 결국 다 죽는다는 것을 알게 됩니다. 세상 사람들에게는 체념이 되고 신앙 인물에게는 각성이 됩니다. 우리는 하나님이 주신 생명의 본능과 현실의 저항이 벌이는 대립을 이해해야 합니다. 또 이 대립을 성경은 어떻게 풀고, 세상은 어떻게 받아들였는지 파악해야 합니다. 그 가운데 기독교가 무엇인지 정체를 드러낼 것입니다.

김관성 인생의 곤고함 때문에 삶의 원칙을 생각할 여력이 없는 것 같습니다. 삶의 무게가 너무 무거워서 하루하루를 견뎌 내는 데만도 버거운 현실이니까요. 그래도 그리스도인이 굳건히 간직해야 할 내용이 있다면 무엇일까요?

박영선 하나님의 성실하심입니다. 성경에서 하나님이 스스로 자신을 설명하시는 최초의 묘사가 출애굽기에 나옵니다. "여호와라 자비롭고 은혜롭고 노하기를 더디 하고 인자와 진실이 많은 하나님이라"(출 34:6). 그다음에는 빌립보서에서 예수 그리스도의 순종과 죽음을 언급합니다. "사람의 모양으로 나타나사 자기를 낮추시고 죽기까지 복종하셨으니 곧 십자가에 죽으심이라 이러므로 하나님이 그를 지극히 높여 모든 이름 위에 뛰어난 이름을 주사 하늘에 있는 자들과 땅에 있는 자들과 땅 아래에 있는 자들로 모든 무릎을 예수의 이름에 꿇게 하시고 모든 입으로 예수 그리스도를 주라 시인하여 하나님 아버지께 영광을 돌리게 하셨느니라"(빌 2:8-11).

하나님이 최고의 영광으로 인정해 주신 건 예수의 죽음입니다. 사실 이것은 너무 공포스럽습니다. 우리는 하나님의 권능과 영광을 어마어마하고 대단하게 여깁니다. 그런데 하나님은 지시는 것, 자신이 지셔서 우리에게 유익을 주시는 것을 영광으로 삼으십니다. 이 대전제를 잊으면 안 됩니다.

김관성 사실 저희가 가정과 직장과 교회라는 삶의 현장에서 끊임없이 고민하고 해답을 궁리하는 것은 현재를 살아가기가 어렵기 때문입니다. 목사님이 말씀하시는 삶과 신앙의 원칙에 동의하면서도, 그 답에 이르기까지가 너무 힘듭니다. 삶의 구체적인 고민들을 어떻게 해결하고 답을 찾아가야 할까요?

박영선 어쨌든 견뎌야 합니다. 해답이 있어야 견딜 수 있는 게 아니라, 조급한 해결을 미뤄 놓고 견디는 것입니다. 고민함으로써 생기는 마음의 긴장과 멈춤이 우리를 단단하게 만들어 줍니다. 고민도 제 역할이 있습니다.

미국에 가면 꼭 면제품을 사 오라고 권하지 않습니까. 면이 두텁고 좋은 제품을 싸게 팔기 때문입니다. 좋은 면이란 직조가 치밀해서 강도가 큰 것입니다. 그래야 밀착력이 생겨 접촉성이 좋아지고, 흡수도 잘되는 것입니다.

고민은 굳이 해법을 찾을 수 없을 때라도 우리를 긴장시키고 단단하게 해줍니다. 정신적으로 탄탄한 맷집을 만들어 우리를 성장시키는 것입니다. 뜻밖의 사건을 고민하면서 자신이 성장했음을 깨닫는 순간이 올 것입니다. 고민할 것도 없이 문제가 저절로 해결되는 건 그야말로 '마술'입니다. 하나님은 그렇게 하시는 대신, 문제와 고민을 통해 우리를 키우십니다. 정말 희한합니다.

김관성 그렇다면 믿고 선포하면 된다는 식의 '마술'을 선동하는 신앙 자세에 대해서도 고민이 필요할 것 같습니다. 직장 현장과 관련해 느끼는 부담이 있습니다. 자신은 단지 먹고살기 위해서 직장에 나가는 건데, 여기에 엄청난 신앙적인 의미를 부여하면서 "직장을 복음화하라"고 사명을 주는 것입니다. 삶의 모든 영역에서 신앙인으로서 의미와 사명을 확인하고 발견해야 하는 것입니까?

박영선 예전에는 먹고사는 게 일이었습니다. 요즘은 일이 전문화

되면서 이익을 창출하는 게 목표가 되었습니다. 즉 '능력'이 우선시되었습니다. 능력이란 물론 전문성을 말합니다. 그러나 전문성에서도 가장 중요한 것은 인간관계지요. 사람이 모인 곳에서는 필연적으로 인간관계의 긴장과 갈등이 발생하기 마련입니다.

우리는 먹고살기 위해 일을 하지만, 하나님은 일을 통해 경험을 시키십니다. 그래서 일을 하다가 누구는 위기를 맞고, 누구는 대박을 터트립니다. 또 일 때문에 엮이는 사람들을 만나다 보면, 하나님의 목적을 이루는 구체적인 사업으로 이어지기도 합니다. 이런 현장이 일과 직장입니다. 다시 말해서 하나님이 하나님의 사람들을 길러 내시는 보편적인 공간이 일터입니다.

성도가 회사의 유익만 생각하고 일을 하다 보면, 자기 삶에 소명이나 가치를 둘 여유를 잃게 됩니다. 먹고사는 데 급박한 곽박한 현실이니까요.

그런데 일을 좀 더 폭넓은 관점에서 바라보면 좋겠습니다. 단지 일의 성격을 '하나님 편'과 '하나님 편이 아닌 듯 보이는 것'으로 나눠 성도의 소명을 판단하는 것은 성숙한 행위가 아닙니다. 보이는 것만을 기준으로 삼아 문화 깊이나 신앙 깊이를 판단하는 게 고착화되면, 내용이 어쨌든 단순 비교로 증명이 되는 줄 알고 고함만 치게 됩니다.

일을 하다 보면 일이 잘 안될 때가 있고, 자신이 무슨 일을 하는 건지 잘 모를 때도 있습니다. 옛날에는 한 사람이 모든 공정을 다 했습니다. 나무를 잘라서, 켜고, 형태를 만들고, 칠을 했지요. 그런데 공정이 나누어지면서 일에 혼이 들어가지 않게 되었습니다. 끝없이 의자 다리만 잘라 내거나, 끝없이 칠만 하는 사람들이 생겨났습니다. 즉 부속품만 만들 뿐 작품의 완성을 보지 못하는 것이지요. 우리는 사회 전체의 유익을 알지 못하는 파편적인 일에 묶여 있습니다. 그 일을 해야 하는 이유는 단지 가족을 부양하기 위해서, 조금 더 쾌적한 레저 활동을 하기 위해서 정도입니다. 일 자체에 소명이나 사명이나 은사 등을 대입할 수 없을지도 모릅니다.

그러나 작은 것 하나가 전체의 부분임을 알게 되면 달라집니다. 예를 들어 자동차 회사에서는 부속품 하나라도 잘 만들면 됩니다. 눈에 보이지 않는 조연의 역할도 자부심을 갖고 감당하게 됩니다. 우리는 하나님이 하시는 일의 전체 그림을 볼 수 없습니다. "하나님을 위해서 저를 위대하게 써 주십시오"라고 기도하면 능력과 지혜가 생기는 것보다 하나님의 뜻과 목적, 일하시는 방법, 더 근본적으로는 하나님의 성품으로 답이 주어집니다. 그래서 하나님의 전체 그림을 보게 될 때, 그때 비로소 자신의 초라한 자리도 감수하게 되는 것입니다.

김관성 교회는 전통적으로 선교적 사명을 강조해 오지 않았습니까. 이 개념을 다른 관점에서 이해할 필요가 있을까요?

박영선 신앙생활은 필연적으로 교회에 대한 열심이라는 형태를 취하고 있습니다. 그런데 교회 구성원들을 자세히 살펴보면 다른 조건에서는 만날 수 없는 사람들이라는 점을 알게 됩니다. 선교적 사명이란 바로 이 점에서 찾을 수 있습니다. 동일한 성향과 방향을 가지는 게 선교적 사명이 아닙니다.

교회에는 항상 다른 소리들이 들려옵니다. 이것은 매우 당연한 일입니다. 교회가 일치할 때는 성찬식 때뿐입니다. 예수의 몸과 피를 받아 먹을 때만 아멘이 됩니다. 이것만 공통점이고 나머지는 전부 다릅니다. 그런데도 하나의 교회를 이루는 것이 우리의 선교적 사명입니다.

그리스도인은 자신을 특별히 구별하기 좋아합니다. "우리 교회는 선교하는 교회다", "우리 교회는 복음적 가치가 출중하다", "예수 믿는 성도는 예수를 믿지 않는 사람과는 엄연히 다르다"고 주장합니다. 그 주장하는 명분이 신자 된 정체성의 책임을 면제 받게 해서는 안됩니다. 그 신앙적 고백이 주어진 각자의 현실에서 구체적으로 반응되는 보이는 증거로 실천되어야 합니다.

김관성 존재와 명분에 사로잡혀 가는 데 반발했다는 건 무슨 의미인지요?

박영선 교회라면 응당 가난한 자를 높이고 부자를 낮춰야 한다고 보지만, 성경과 다릅니다. 성경에서 가난한 자를 돌아본다는 것은 그처럼 조건과 자격이 안 되는 자들까지 은혜의 대상으로 여긴다는 뜻입니다. 부자를 책망하는 이유는 많은 것을 소유해서가 아니라, 자신에게 주어진 책임을 수행하지 않았기 때문입니다. 소유하는 게 문제가 아니라, 가진 것을 어떻게 사용하느냐가 문제입니다.

우리 사회는 아직 명분에 얽매여 있습니다. 실제로 명분을 구체화하는 것은 사소하고 반복되는 일상에서의 시험을 이기는 것입니다. 인내, 겸손, 봉사 같은 것들은 그것이 직업이 아니라 일상의 자세와 태도여야 한다는 것입니다.

김관성 그리스도인이 직장에서 신우회를 만들어서 활동하는 것을 좋아하시지 않는다고 들었습니다. 이유가 있으신지요?

박영선 제가 신우회를 반대하는 것은, 실력을 만들어 주는 일은 극히 드물고, 단지 모여서 교회에서 드리는 것과 똑같은 예배를 드리기 때문입니다. 그것으로는 현실에서의 신앙 책임이 부족하다고 생각합니다.

일을 하면서 일을 함께 하는 사람들과의 관계에서 예수 믿는 사람의 바름, 인격, 성격, 관용이 드러나야 합니다. 도덕으로 드러나는 것이 아니라 존재로서 성도가 가진 넉넉함을 나타내야 한다는 뜻이지요.

일을 하다 보면 세상의 정체가 드러납니다. 거의 죽을 때까지 사람을 부리지요. 기업은 돈을 많이 준다는 이유로 얼마나 사람을 몰아갑니까. 인생이란 돈을 벌어야 하는 일보다 더 중요한 내용과 의미가 있어야 합니다. 우리는 단지 버티고 견디는 삶이 아니라 앞으로 나아가는 삶을 살아야 합니다. 그래서 "나는 누구인가?", "내가 할 일은 무엇인가?", "세상은 내게 무엇을 원하는가?" 등의 질문에 적당한 답을 얻어야 합니다. 소모품과 상품을 만들거나 기계적 기능을 하는 존재에 그쳐서는 안 됩니다.

우리는 일을 하면서 자신이 인간이라는 것을 확인해야 합니다. 기계가 아니라 인간이라는 뜻입니다. 따라서 일을 하는 사람들은 인간으로서 인간성을 놓치지 않고 누리고 만족하는 역할을 해야 합니다.

김관성 그렇다면 성도가 성공을 목표로 하는 삶의 내용을 긍정하십니까?

박영선 인생에서 실패를 하더라도 은혜를 받는 것은 그것과 상관이 없습니다. 일이 잘되는 것은 언제나 운에 속합니다. 세상이 운에 좌우되는 것을 보면 합리주의는 틀린 것인지도 모릅니다. 그런데 이 운은 사실 운이 아니라 하나님의 일반 은총입니다. 하나님은 우리를 죽지 않을 만큼 보호하시면서, 때가 되기를 기다리십니다. 때가 찬다는 것은 각자 정해진 시점까지 기다려야 한다는 뜻이지요. 우리 시대에 가장 필요한 일이 이 여백, 이 기다림이라고 생각합니다. 하나님만이 아시는 때를 기다릴 수 있어야 합니다.

로마서에는 하나님을 배신한 인간의 타락성과 그로 인한 심판의 필연성, 하나님의 진노 아래 있는 비극성에 대한 내용이 나옵니다(롬 1-3장). 이것은 하나님이 기다려 주신 시대를 말합니다. 기다려 주셨다는 것은 그 뒤에 심판이 있다는 뜻이지요. 하나님은 "이대로는 끝내지 않겠다"고 하셨고 그것을 구약 이스라엘의 역사를 통해 보여 주셨습니다. 그 역사는 계속 실패했고, 결국 하나님의 아들인 예수를 죽이기까지 하셨습니다. 포도원 비유에도 나오듯이, 하나님은 아들을 보내면 사람들이 돌이킬 줄 아셨지요. 결국 아들까지 죽여서 그 죽음을 통해 우리를 구원하셨습니다. 있을 수 없는 최악의 선택과 방법으로 구원을 이루신 것입니다. 세상을 확 열어 놓으신 것이지요.

이로써 우리는 이전 것과 완전히 다른 새로운 피조물이 되어, 새로운 세상을 갖게 되었습니다(고후 5:17). 죽음으로 끝나지 않는 세상, 부활의 세상, 하나님이 함께하시는 세상 말입니다. 우리는 불멸의 사람, 불패의 사람이 된 것입니다. 유진 피터슨(Eugene Peterson)의 말대로, 우리가 가지는 삶의 치열함이나 그 삶에서 우리가 실패자로 나타나는 모든 것이 믿음이라는 이해 속에서 훨씬 더 적극적이고 큰 의미를 가집니다.

김관성 목사님은 다시 삶이 주어진다면 목사직을 계속하실 수 있겠습니까?

박영선 애매합니다. 왜냐하면 삶은 수동태이기 때문입니다. 저는 내몰리는 데로 갈 것입니다. 전혀 억울하지 않습니다. 어떤 상황

에서도 억울하다고 생각할 필요가 없습니다. 〈라디오 스타〉라는 영화를 보면, 퇴물이 되어 지방 방송 DJ를 하게 된 가수가 나옵니다. 곧 죽어도 스타인 가수가 지방에서 썩는다고 불평하니까 그의 매니저가 한마디 합니다. "우리가 거기 가는 걸 사람들이 얼마나 알아주는 것 같아?"

사람들의 평가를 이겨 내야 합니다. 이래야 한다, 저래야 한다는 것은 남의 인생에 대해서 오만한 말이라고 생각합니다.

02
진지하게 살아가야 합니다

김관성 인터넷에 목사님 사진이 꽤 많이 있습니다. 살짝만 들여다봐도 세월의 흐름이 느껴지던데요. 한평생 교회 안에서 목회하신 분에게 나이가 들어 간다는 것은 무엇입니까? 한평생 열심히 살고도 삶은 해석이 안 된다는데, 혹시 세월의 무상함을 느끼십니까?

박영선 사람은 원해서 나이를 먹지 않습니다. 과거를 떠올리면 유달리 선명히 기억나는 연도가 있습니다. 그런 해는 몇 살이었는지, 그때만 나이가 있는 것처럼 기억이 또렷합니다. 저는 일흔이

다 되었는데 기억으로 따지면 열일곱 살에 멈춰 있습니다. 나머지 기억나지 않는 해도 하나님은 똑같이 일하셨지만, 우리는 그건 잘 모르지요. 눈금에 걸린 것만 알 뿐입니다. (웃음)

그러니까 나이를 먹어서 아는 것이 아니라 하나님이 예수의 증거를 보여 주실 때 알게 되는 것입니다. 우리가 부르지 않았을 때 예수가 오시는 것입니다. 우리가 몰랐을 때 하나님이 일하시는 것이지요. 그런데 우리는 자꾸만 제대로 알아야 일을 하겠다고 합니다. 하나님이 일하시는 방법을 모르는 것이지요. 얼마나 왜곡된 것인지 모릅니다.

이렇게 말하면 우리가 열심히 살거나 말거나 똑같은 거냐고 생각할지도 모릅니다. "A는 B가 아니면 B는 A가 아니다"라는 것이 논리입니다. 그렇다면 '하나님'의 반대가 무엇입니까? '하나님'의 반대는 '하나님 없음'입니다. '하나님 없음'의 반대는 '하나님 있음'이지요. 그런데 '하나님'의 반대를 '사탄'이나 '세상'으로 보면 어떻게 됩니까? '세상'의 반대는 '하나님'이 될 수 없습니다. 이 논리를 이해하겠습니까?

교회가 이것저것 하지 말라고 하면서 "이것을 하면 죄고 교만이다"라고 합니다. 그러면 윤리와 도덕에 멈추지 하나님으로 회귀하지 못합니다. "이것을 하는 것은 죄다"라고 하는 것이 아니라 "하나님의 뜻이 아니다"가 돼야 합니다. 즉 기독교 신앙에서 구체적인 실천은, 그것이 하나님을 향한 순종인가 거부인가를 본질로 해야지, 하나님 없이 하느냐 마느냐는 실천의 문제로 독립돼서는 안 됩니다. 해도 하나님이 없고, 안 해도 하나님이 없다면 왜 그런 논의를 해야 합니까.

김관성 목사님도 젊은 날 만용이나 객기를 부리신 일이 있나요?

박영선 저도 있습니다. 하지만 과거를 돌아보면 잘못한 일이 지금 가장 중요한 재산이 되어 있습니다. 바로 후회로 남아 있습니다. 그런데 후회스러운 과거를 만회하려고 하면 안 됩니다. "왜 그랬을까? 지금이라면 안 그랬을 텐데 왜 그랬을까? 그래서 이렇게 망했구나" 하고 주저앉는 것은 어리석은 일입니다. 그 후회 덕분에 이제는 그렇게 안 한다는 게 가장 큰 은혜지요. 그때 그 실수를 안 했다면 오히려 자신을 채찍질할 계기가 없는 것입니다.
순종하고 성실하게 사는 것이 큰 무기인 것처럼, 잘못하고 좌절한 일들도 굉장한 자산입니다. 왜냐하면 하나님이 담으시는 은혜를 잊을 수 없게 만드는 조건이기 때문입니다. 물론 그렇게 좌절해 보지 않았다고 은혜를 모르는 것은 아니에요. (웃음)

김관성 인생은 이렇게 살아야 한다는 슬로건은 있으셨습니까?

박영선 진지하게 살아야 합니다. 진지하다는 것은 철학적이고 이상적이라는 게 아니라, 그때에 맞는 삶을 산다는 뜻입니다. 때에 맞게 할 수 있는 일을 해야 됩니다. 여기에 자꾸 시험이 들어옵니다. 죄의 세력이 도전을 가하고 위협해 오기 때문입니다. 하지만 그것은 다음 문제입니다.

예수 믿는 사람들에게 생명이란 하나님이 주신 것입니다. 주어진 생명에게는 기회들이 있습니다. 그러므로 진지하게 살아야 합니다. 세상은 인생이 칠팔십 년 정도로 한정되어 있는 경쟁 사회라는 가정 아래 이렇게 저렇게 하라고 요구합니다. 그러나 그것은 다음 일입니다. 다음 현실이 들어와서 빚어지는 일들이지요.

기본적으로 어느 때든 그때에 맞으면 됩니다. 소년은 소년답고, 십 대는 십 대답고, 이십 대는 이십 대다우면 됩니다. '다움'이 있는 그때 현실이 "지금 무엇을 해야 한다"면서 다가올 것입니다. 그때 나이보다 더 가거나 덜 가는 것에는 오차 범위가 있습니다. 그 오차 범위는 개인마다 다르지요.

그때는 말하자면 모순과 현실의 무서움을 알기 전입니다. 그것을 알아 가는 때지요. 그리고 다음이 되면 거기에 절망하거나 극복하는 때가 각각의 '다움' 시대에 들어옵니다. 이런 '다움'은 개인마다 다릅니다. 일찍, 혹은 늦게 오지만, 어쨌든 옵니다. 세상은 죽음으로 우리를 휘두릅니다. 하나님은 그분의 창조를 완성하시고 모두를 구원하시기 위해 그 속에서 우리를 다루시지요. 바로 이 사실에서 기독교 신앙이 등장하는 것입니다.

그런데 이것들은 서로 대등한 지위에 놓여 있어 충돌함으로 서로 밀고 밀리게 되어 있습니다. 수평적 충돌입니다. 세상에도 갑과 을이 있지 않습니까. 갑이 밀면 을이 밀리고, 을이 밀면 갑이 밀리는 법입니다. 세상은 우리를 스스로 선택한 결과가 만든 죄와 사망이 왕 노릇 하는 현실의 도전 속에 놓습니다. 여기에 하나님이 그분의 구원과 창조의 목적을 어떻게 이루시는가가 개입됩니다. 이런 일들은 개념이나 현실로 설득해서 되는 것이 아닙니다. 두 개가 다른 차원이라는 것을 알아야 합니다. 우리가 살고 있는 세상은 스스로 선택해서 빚어진 죄가 주장합니다. 그것이 우리의 현실입니다. 하나님은 그런 우리를 죄조차 선택할 수 있는 자유를 가진 자녀로 만드셨습니다. 우리는 그 속에서 엄청난 잘못된 선택에도 불구하고 자유와 기회를 얻었기에 우리 삶을 이해하는 기독교 신앙이 필요해졌습니다.

그러니까 우리가 평면적으로 생각하는 세상과 기독교 신앙은 폭과 차원이 커서, 설사 우리가 하나님을 외면하는 선택을 한다 해도 하나님의 통치 밖으로 나갈 수 없습니다. 하나님은 이 사실을 우리에게 알리고 싶어 하시는 것 같습니다. 이게 우리에게는 충분한 기회이고, 진정한 자유입니다. 하나님을 외면한다는 것은, 말하자면 무질서로 가는 것입니다. 하지만 눈을 감고 외면해도 빛이 있음을 느낄 수 있는 것처럼, 하나님은 우리에게 때마다 생기는 문제들 속에서도 하나님의 선하심과 기뻐하심과 영광스러움이 빛의 그림자처럼 드리워져 있음을 충분히 볼 수 있게 해 주십니다.

이것이 대단한 영광이 아닙니까. 어떤 의미에서 하나님은 우리에게 대등한 차원의 항복을 요구하신다고도 설명할 수 있습니다. 우리는 고통이 없기를 계속 바라지만, 하나님은 그렇게는 못하겠다고 하십니다. 우리가 보통 아는 '상벌'이라는 개념은 너무나 낮은 차원의 개념입니다. 본질이 아닌 소극적 안심에 불과해 보입니다. 그래서 진지하게 살아야 합니다. 수학을 잘하는 사람들이 흔히 이렇게 말합니다. "공식을 몇 가지 외우면 이해가 잘 됩니다." 수학을 외운다는 게 이해가 안 되는 일이지만, 외우면 원리가 이해되고, 나중에는 익숙해진다는 것입니다.

우리가 일부러 외면하고 주저하고 내일로 미루는 것들이 이때 우리가 할 수 있는 진정성일 수 있습니다. 답을 찾기 위해 최선의 노력을 했을 때만이 아니라, 미뤄 놓는 것조차 그때 할 수 있는 최선일 수 있습니다.

물론 미뤄 놓으면 다음에 두 배로 힘듭니다. (웃음) 그만큼 성장할 수도 있습니다. 사람은 순서대로 크지 않고 희한한 방식으로 자랍니다. 은혜도, 상처와 좌절도 보상과 결핍이 아니라, 우리 안에 함께 어우러져 인격과 성품과 가치를 구성하게 됩니다.

하나님이 만드신 것은 한 존재 안에서 서로 구분되지 않습니다. 물이 바다를 덮음같이 우리를 압도해 자라게 하는데, 그 요소들을 구별하는 것은 스스로를 왜곡하는 일입니다. 자기가 무엇이 되었는지 모르는 것입니다. 우리가 제일 많이 하는 실수가 과거를 만회하려는 태도입니다. 유익이 없다고 무로 돌리는 것은 어리석은 일입니다.

그런 점에서 공적 예배에서 지나치게 회개가 많은 것은 점검해 봐야 합니다. 회개가 너무나 구체적이고 세밀하지 않습니까. 만회하려는 욕심입니다. 지난 한 주일 제대로 못 산 얘기는 그만 하면 좋겠습니다. 그것이 진정한 후회가 되려면 더 잘 살기 위한 열심이 되어야 합니다. 씻어 내기만 하고 껍질만 까서는 남는 것이 없습니다.

김관성 그럼 회개를 자주 할 필요는 없습니까? (웃음)

박영선 회개와 자기 결벽은 구분해야 합니다. 우리는 흠이 없기 위해 노력하기보다 흙탕물에도 뒹굴 수 있도록 힘을 길러야 합니다. 자기 인생을 자기 실력으로 이뤄 가는 드라마를 만들어야 하지요. 인생은 혼자가 아닙니다. 사색하고 생각해서 개념화시키는 대신, 몸으로 부대끼며 경기하는 것입니다. 이때 경기는 시합이나 격투를 말하는 게 아닙니다. 연극처럼 드라마를 펼치는 것에 가깝습니다. 등장하는 모든 사람이 팀입니다. 그러니 자꾸 비판만 하지 말고 상대와 서로 호흡을 맞춰야 합니다. 화음을 만들어야 합니다.

남을 원망할 줄은 알아도 호흡을 맞출 줄은 모릅니다.

김관성 목사님 말씀을 들으니, 저도 못난 과거에서 조금 자유를 얻은 느낌입니다. 지나친 자책을 멈춰도 되겠군요. 하지만 그게 막 살아도 된다는 뜻일 리는 없겠지요?

박영선 호흡을 맞춘다는 것은 상대가 대사를 할 때 나도 반응을 해야 한다는 뜻입니다. 욕을 먹든 칭찬을 받든 상관없이 카메라나 조명 앞에서 내 역할을 해야 합니다. 그런데 막 살 수 있습니까? 내 대사를 해야 합니다. 설사 상대방은 자기 역할을 제대로 못하고 엉망으로 할지라도 나는 내 순서에 제대로 해야 합니다. 그러니 절대 막 살 수는 없습니다.

김관성 이런 통찰들을 얻는 데 세월은 어떤 역할을 했을까요? '신앙의 연륜'이라는 표현대로, 나이가 드는 만큼 신앙이 깊어지고 성장한다는 데 동의하십니까?

박영선 저희 교회 전도사님에게 여섯 살짜리 딸이 있는데, 서너 살 때 그린 그림을 보고 깜짝 놀란 적이 있습니다. 사모님이 미술을 하셨다는데 딸에게 유전자가 묻어나는 거겠지요. 아이들만이 그릴 수 있는 그림이었습니다. 아이들은 균형감이 없어서 자기가 중요하게 보는 것을 과장해서 그리는 법이지요.

영국 성공회 출신의 신학자로 평생을 인도 선교에 헌신했던 레슬리 뉴비긴(Lesslie Newbigin)이 인도에서 만난 힌두교 사제들 얘깁니다. 힌두교 사제들은 경쟁적이지 않습니다. 그들은 모든 것을 열어 놓고 있기 때문이지요. 사제들의 종교적 권위는 현실에서 나옵니다. 그들은 죽음이 끝이 아니라고 말하는데, 죽음이 끝이면 종교성을 잃게 돼서 곤란하기 때문입니다. 그러다 보니 한 신에게만 의존할 수가 없었습니다. 무한히 신을 만들어 냈지요. '비극의 신', '기쁨의 신', '시샘의 신' 등등 하나씩 끊임없이 만들어 냅니다.

마침내 그들은 성경도 봤습니다. 그리고 깜짝 놀랍니다. 성경의 하나님은 인간과 같이 역사를 만들자는 것이냐고 묻습니다. 굉장하지 않습니까? 힌두교 사제들의 통찰력이 얼마나 대단한지 저도 놀랐습니다. 하나님이 얼마나 위대하신지야 읽어 낼 수 있지만, 인간과 같이 역사를 만들어 가신다는 것은 놀랍지요. 즉 하나님은 지나간 사람을 소모품으로 삼지 않으시고 모두와 같이 운명을 결정짓는 작업을 계속하십니다. 인간 쪽에서만 끊임없이 선수가 바뀌는 것입니다. 시행착오와 실패를 반복적으로 하는데도, 끊임없이 기회를 다시 주십니다.

이 진리를 읽어 낸 게 대단하지 않습니까. 그런데 힌두교 사제들은 여기 항복하고 믿지는 않습니다.

우리는 성경을 읽거나, 현실의 한 정황을 이해할 때 자신의 한계와 왜곡과 욕심 때문에 이를 곡해하기 쉽습니다. 그러면서 원망은 하나님께 돌리지요. 게다가 이것을 반복합니다. 이것은 이스라엘을 통해 분명히 입증된 역사입니다. 구약성경을 읽으면서 이스라엘을 욕하지 않습니까? 나 같으면 안 그럴 것이라고 말하면서 그 역사를 우리도 반복하고 있습니다. 하지만 하나님이 우리의 실패를 다시 담아서 헛되지 않게, 오히려 그것 때문에 더 위대해지도록 계속 마무리를 하십니다. 그러니 겁낼 것은 없습니다.

김관성 우리의 시행착오나 실패가 점점 늘어난다는 점에서는 수명이 늘어난 것도 반갑지 않은 일이네요. 의학의 발달로 장수할 수 있게 된 게 축복인지 저주인지 사람마다 관점의 차이가 있을 것 같습니다. 오래 살아야 한다는 명백한 현실 앞에서 무엇을 준비하고, 어떤 자세로 삶을 맞이해야 할까요?

박영선 시간이 많으면 역할이 많은 것입니다. 영화 속에서 주인공은 대개 역경을 이기고 승리하지만, 간혹 죽는 수도 있습니다. 그 내막은 보통 끝부분에 알 수 있습니다. 그러니까 배우는 죽든지 살든지 자신에게 맡겨진 배역을 끝까지 연기해야 합니다. 몇 살까지 사느냐에 관심을 갖는 것보다 그때까지 어떻게 배역을 소화할 것인가 고심해야 합니다. 마흔까지 살 수 있다면 마흔까지 배역에 충실해야 합니다. 죽음은 전체 영화의 한 요소일 뿐입니다. 전체

줄거리 속에 녹아드는 것이지요.

1959년 발표된 영화 〈벤허〉에서 주인공을 맡은 이는 찰턴 헤스턴(Charlton Heston)이었습니다. 당시에 유명하지 않은 배우였지만, 그것이 절묘한 캐스팅이었습니다. 그 배우가 스타성이 적어 녹아들었기 때문에 영화가 살아났습니다. 그리고 함께 출연한 스티븐 보이드(Stephen Boyd)는 훌륭하게 연기를 해 냈지만, 그가 맡은 메살라는 악역이었습니다. 그리하여 드라마로 만들어 내용을 담지요. 한 사람을 스타로 뛰어나게 만들어 쓰시든지, 감춰 놓고 쓰시든지 모두 하나님 손에 있습니다. 〈벤허〉가 위대한 영화가 되었던 것은, 보고 나서 찰턴 헤스턴 대신 예수가 남기 때문입니다. 사실 영화에서 예수님은 뒷모습 한두 번 정도 나오고 끝입니다. 그러나 벤허는 말하지요. "예수의 말이 내 마음에서 칼을 내려놓게 했소." 그리스도밖에는 답이 없습니다. 감춰진 삶, 조연으로 사는 일은 예수의 제자들만이 할 수 있는 일입니다. 세상은 원망만 하지요.

김관성 그래도 백 세 인생을 준비 없이 맞아서는 안 된다는 추세 때문에 뭔가를 준비해야 한다는 강박증이 생길 지경입니다. 우리가 준비할 수 있는 일들은 없습니까?

박영선 재미있는 사실은 하나님이 밀어 주신다는 것입니다. 우리가 준비된 채 하루를 맞이하는 날은 없습니다. 하나님이 떠미십니다. 우리는 밤에 자는 것으로 마치고, 아침에 하나님이 깨워 주셔서 일어나고 있습니다. 게다가 우리 주변에는 날마다 사고가 일어납니다. 우리가 준비한 것이 어디 있습니까?

그래서 누구나 처음에는 놀랍니다. 그래도 할 수 있는 만큼밖에는 못합니다. 우리가 할 수 없는 것에도 하나님이 뭔가를 채워 주십니다. 세상은 계속 소모되고 낭비되지만, 우리는 매일 채워집니다. 고린도후서 말씀처럼 우리의 겉 사람은 낡아져도 우리의 속사람은 날로 새로워집니다(고후 4:16).

나이가 들어 늙고 쇠약해지는 것 같지만 사실 그렇지 않습니다. 우리는 매일 위대하게 성장하고 있습니다. 놀라운 일이 매우 많습니다. 그날그날 전부 해결되는 것도 아닙니다. 전전긍긍하며 갈 수 없었을 곳으로 하나님께 떠밀려서 가고 있습니다. 그것이 놀랍습니다. 하나님이 일하시고, 주도권을 갖고 계십니다. 우리가 그것을 조작하고 안심하는 것 정도가 아닙니다. 하나님이 떠미시는 곳으로 가십시오.

김관성 그렇다면 나이 든 사람에게도 주어진 역할이 있다고 보십니까?

박영선 뒷배경으로 사는 것입니다. 드라마 제작비가 적으면 의상도 엉터리고 동원되는 인원수도 적지 않습니까. 제법 근사한 전

투 장면이 되려면 가능한 사람이 많아야 합니다. 사진도 독사진보다야 여러 사람이 뒤에서 받쳐 줘야 주인공이 돋보이는 법이지요. 나이 든 사람은 주연 역할을 하는 이들의 뒷배경이 되어주면 됩니다.

김관성 그런 역할이 외롭거나 쓸쓸하지는 않을까요? '나는 이제 용도 폐기되는구나' 생각할 수도 있을 것 같은데요.

박영선 지붕이나 외벽과 같은 역할입니다. 지붕이나 외벽이 돌아다니면 어떻게 되겠습니까. 그것들은 한곳에 고정돼 있어야 합니다. 걸리적거리지 않는 구조물이지요. 그 나이가 되면 그렇게 할 수 있습니다.

김관성 목사님의 삶과 목회 여정에서 하나님께 떠밀리신 사건이 있었습니까? 하나님께 떠밀려 고통스럽고 힘드셨던 경험 말입니다. 물론 그 사건이 하나님의 사람으로 거듭나게 하는 계기가 됐겠지만요.

박영선 자신에게 치명적인 약점같이 느껴지는 게 있는데, 그게 사실은 일을 합니다. 저는 굉장히 신랄한 사람입니다. 날 선 예민한 사람이지요. 말도 날카롭다고 해서 고민입니다. 날을 무디게 하는

데 관심이 많습니다. 날을 갈 게 아니라 무디게 해야 합니다. 너무 정확한 말을 하는 것도 바람직하지 않습니다. 그걸로 비난을 하거나 공격을 하게 되면 상대방에게 치명상을 안길 수 있습니다. 결정이나 표현이 과격한 만큼 남들보다 너무 빨리 가서 손해를 보기도 합니다. 그렇게까지 하지 않아도 되는데 벌써 저만큼 가 버린 것입니다. 이런 재빠름이 유익한 적은 거의 없었습니다. 늘 손해를 보았지요. 다른 사람들도 당황스러워했고요.

그런데 이 성격이 저를 도망칠 수 없게 만들었습니다. 제가 한 말에 책임을 져야 하기 때문에, 바로 그 점이 저로 하여금 말씀에 진력하게 만들었습니다. 남의 인생을 구경하고 채점하는 대신, 제 삶을 구체적으로 살게 해 주었습니다. 마취가 안 되는 사람이 있지요. 그것은 아주 고통스러운 일입니다. 고통스러운 혼란과 혼돈 상태를 하루 24시간 고스란히 겪어야 했던 일이 가장 어려웠습니다.

그런데 하나님이 제 안에 은혜를 담아 주셨습니다. 제가 의도한 것과는 다른 은혜였지요. 제가 사납게 굴었는데도 사람들은 자꾸 제 앞에 와서 웃었습니다. 이해할 수가 없었습니다. 저를 통해 은혜를 받았다는데 그게 말이 안 되는 거거든요. 제가 성질을 부렸는데 교인들이 은혜를 받다니요? 그런데 그런 일이 기독교 안에서는 일어납니다. 이게 말이 되나요? 말이 안 돼서 얼마나 좋습니까? (웃음)

김관성 저도 《본질이 이긴다》(더드림, 2013)를 쓸 즈음에 혈기왕성해서 큰소리를 많이 쳤습니다. 그 진심을 알아주셔서 조금 유명해지니까, 여러 교회들에서 청빙 제의가 들어오더군요. 그때 해 놓은 말들 때문에 교회를 옮기지는 못합니다. (웃음) 목사님 말씀처럼 저도 제자리에 남아서 분투하며 성장해야겠다는 각오가 생깁니다.

박영선 괜히 입바른 소리를 했지요? (웃음)

김관성 하나님이 목사님의 생각과 다른 은혜를 주셨다는 깨달음은 시간이 지나면서 자연스럽게 깨닫게 되신 건가요? 아니면 계기가 된 사건이 있었나요?

박영선 아마 사건으로 이해하는 사람도 있고, 저같이 서서히 차오르는 물의 수위로 알게 되는 경우가 있을 것입니다. 두 가지 모두 나타날 수 있겠지만, 제가 자각한 것은 언제나 사건이라기보다는 수위 쪽이었습니다.
전에 제가 '욕조론'을 얘기한 적이 있습니다. 욕조에 물을 받으려고 수도꼭지를 틀면 물기둥이 수도꼭지에서 밑바닥까지 떨어지지요. 하나님은 하나님의 은혜가 이처럼 오랫동안 쏟아지기를 바라십니다. 그런데 쏟아지는 물기둥은 고드름이 달리듯 서 있는 게 아니라 욕조 전체를 채우며 퍼져 나가야 합니다. 그러니 물기둥이 사라지고 보이지 않아도 섭섭할 일이 아닙니다. 물기둥은 욕조를 계속 채우다가 어느 순간 욕조에 물이 넘쳐흐르게 만들기 때문입니다. 이것이 서서히 수위가 차오르는 하나님 은혜의 원리입니다.

젊었을 때는 질문이 많았습니다. 어떤 주제는 답을 얻어도 답이 안 됐습니다. 그런데 은혜의 물이 차오르자 과거에 집착했던 질문들이 가라앉았습니다. 여전히 답을 얻지 못했는데도 말입니다.

나는 내 순서에 제대로 해야 합니다. 그러니 절대 막 살 수는 없습니다.

03
죽음 이후가 아니라 하나님을 보십시오

김관성 제 어머니가 돌아가실 때 느낀 건데, 죽음이란 자기 역할을 마친 개인이 남겨진 사람들에게 새로운 역할을 부여하는 일 같습니다. 이 또한 우리가 완수해야 할 역할일까요?

박영선 죽은 다음에도 할 일이 남아 있습니다. 그 일이 무엇이냐는 해석의 문제입니다. 서른 살에 내린 해석과 마흔 살의 해석이 다를 수 있지요.

김관성 죽음 후에도 맡겨진 역할이 있다면 스스로 극단적인 선택을 하는 이들은 정말 우려스럽네요. 하지만 저는 자살을 비판하는 기독교 일각의 '바른 소리'에도 질려 버렸습니다. 목사님은 자살을 선택하는 사람들의 마음을 어떻게 헤아리고 계십니까?

박영선 죽음을 선택한 이들은 절망한 것입니다. 절망의 가장 큰 이유는 자기의 능력 이상의 삶을 기대할 수 없기 때문이지요. 자신만이 자신을 책임져야 하기 때문에 스스로 죽는 것을 선택하지 않을까요. 실제로 죽음으로부터 사람을 붙잡아 두는 마지막 보루가 관계, 혹은 책임입니다. 부모 된 책임, 자식 된 책임, 친구 된 책임 같은 것입니다. 드디어 이 책임을 포기했기 때문에 죽음을 선택할 수 있는 것입니다.

따라서 책임을 공유하는 것만도 상당한 경우 죽음이라는 선택을 극복하거나 미뤄 놓을 수 있게 해 줍니다. 성경의 증언은 대부분 절망을 견디고 승리를 만들어 낸 얘기들입니다. 우리는 성경의 인물들이 어떻게 승리했는지 배웁니다. 그런데 사실 이것은 승리의 얘기가 아닙니다. 그들은 세상에서 가장 큰 절망의 자리까지 내몰렸다가, 그 내몰림이 반전이 되어서야 일어설 수 있었습니다. 즉 그들의 절망 자체가 승리의 가장 중요한 조건이었습니다. 절망을 극복하고 이기는 차원이 아니라, 절망 자체에 매몰됐을 때 역사가 일어난다는 것입니다.

전 세계 종교 중에 절망이 없다고 하는 대신, 절망이 뭔가 만들어 낸다고 말하는 것은 기독교밖에 없습니다.

요셉 이야기를 보십시오. 형들이 요셉을 팔았습니다. 원래는 죽이려고 했지요. 그런데 나중에 그 동생 덕분에 살아남습니다. 자기가 죽인 자로부터 구원을 얻는다는 겁니다. 요셉은 종으로 팔려 간 후에, 무고를 당하고 감옥에 갇힙니다. 지독한 한계 상황까지 몰려 아무 희망이 없는 걸 확인했을 때, 그때 비로소 반전이 일어나 애굽을 구하고, 자기 집안을 구합니다. 요셉은 자신을 찾아온 형들을 보며 깨닫습니다. '그때 꾼 꿈이 이것이구나. 이것은 우연이 아니라, 하나님이 하신 일이구나.' 그래서 형들에게 보복하지 않습니다. 요셉은 쇠사슬에 묶인 자리로부터 총리가 됐습니다. 총리가 되어 장로들을 교훈합니다. 자신에게 신념이 생겼기 때문입니다. 만약 공부를 잘해서 총리가 됐다면 그렇게 하지 못했을 것입니다.

그리스도인의 믿음과 배짱은 세상 사람들과 다릅니다. 억울해도, 져도 됩니다. 그것이 뭔가를 이루시는 하나님의 방법임을 알기 때문입니다. 외적인 보상에 집착하는 시대의 부작용은 보상을 받고도 억울함을 느낀다는 점입니다. 우리는 지는 형편과 상황이 닥칠까 봐 겁을 냅니다.

예수가 십자가에 못 박히는 것은 너무나 억울한 일입니다. 모두 배신감을 느껴 분노합니다. "죽은 자를 살리는 자라면서 왜 이렇게 잡혀가는가? 메시아라면서 왜 자신도 구원하지 못하는가?" 그래서 화를 내고 차라리 바라바를 살게 해 주라고 요구한 것입니다. 법정에서 고함을 지르던 자들은 예수를 십자가에 못 박고 비통해하며 사라졌습니다. 그런데 거기서 부활이 나온 것입니다. 죽음은 끝이 아니라 부활로 들어가는 길입니다. 이것은 하나님을 외면해도 외면할 자리가 없는 것과 마찬가지입니다. 그래서 우리는 죽음에도 들어갈 수 있습니다. 믿는 자는 자신을 부인하고 십자가를 지고 주님을 좇으라고 예수는 말씀하셨습니다. 지극함에 관한 이야기가 아니고, 방법에 관한 이야기가 아닙니다.

지금 우리에게 일어나는 세상의 도전과 모함은 모두 뒤집어질 수 있습니다. 마치 마술처럼 말입니다. 그런 일들에 대한 증언이 필요합니다. 순교적 증언이나 인생무상 말고, 역전된 인생에 대한 믿음이 있어야 자기 손으로 생명을 중지시키는 일을 멈출 수 있습니다.

김관성 제 인생에도 예수 믿어서 좋은 거 하나도 없고 고달프기만 하다는 탄식이 늘 따라다녔습니다. 물론 그 탄식과 눈물의 가치를 알게는 됐지만 실존적인 고통이 적지 않았습니다.

박영선 나무보다 전봇대를 좋아하는 사람은 없습니다. 전봇대는 나무에 가치가 있는 것이 아니라 전깃줄을 매기 위한 것이고 나무는 생명체이기 때문이지요. 나무 중에 잘생긴 나무는 자기 멋대로 생긴 나무입니다. 산은 있는 대로가 최선입니다.

하나님이 인간에게 주신 가장 큰 특권은 자유를 주신 것입니다. 인간은 반대로 할 수 있고, 선택을 하고, 자기가 한 선택의 결과를 보고 후회를 합니다. 그런데 사실 후회가 없으면 한 번도 선택을 안 했다는 뜻이 됩니다. 그것은 살아 보지 않은 것이지요. 집 밖을 나가지 않은 것입니다. 인간관계를 맺지 않았고 사회생활도 안 해 본 것입니다.

실제로 우리의 인생에는 늘 우리를 죽이려는 것들이 들어옵니다. 우리를 향한 하나님의 목적과는 반대되는 것들이 늘 우리의 존재 속으로 유지하라고, 가져야 한다고 들어옵니다. 그리고 그다음에는 가치에 대한 위협이 들어오지요. "너 그만 살고 죽어." 이것이 큰 유혹입니다. 자살은 인간만 합니다. 기독교만이 인간에게 "그래, 나는 예전에 나쁜 사람이었어" 하며 깨우치게 하고, 그 과정을 통하는 사람들은 은혜를 받습니다.

그런데도 우리는 자기 경력을 속입니다. 솔직히 드러나서는 안 되기 때문입니다. 이것만 봐도 인간이라는 존재가 얼마나 많은 기회와 선택을 갖추고 있는지 알 수 있습니다. 산다는 것은 굉장한 기회입니다. 잘잘못의 문제라기보다 일어난 모든 일이 감사인 것입니다. 우리는 잘 모르면서도 감사하다고 말합니다. 인생이 감사하다고 하는 사람이 승승장구하는 것은 아닙니다. 기독교인만이, 잘못했는데 그 인생이 감사하다고 고백하는 유일한 족속이 된 것이지요.

김관성 예수를 믿고 이 땅에서 하나님의 은혜와 돌보심을 생생히 경험하는 대신, 허무하게 사라져 가는 사람들을 보면 "하나님이 저들의 인생에서 어떻게 일하셨을까?"라는 질문이 일어납니다.

박영선 세상에서는 죽는 것까지만 볼 수 있습니다. 그래서 사람들이 비극이라고 이야기합니다. 역전이 일어나지 않았다고 하는 것이지요.
그런데 우리가 예수를 믿는 것이 역전입니다. 내가 예수를 믿는 것이 아니라 하나님이 예수를 믿게 하시는 것이지요. 그러니까 죽음이 부활을 만들었다고 하는 것이 우리입니다. 다들 그것은 부활이 아니라고 합니다. 고통을 면해야 역전이라고 하지요. 바보 같은 소리입니다.
우리는 예수를 못 믿습니다. 우리가 예수를 부르지도, 찾지도 않았습니다. 우리는 예수를 죽였습니다. 그나마 오신 예수도 죽였지요. 그러니까 우리가 예수를 믿는 것은 말이 안 되는 것입니다. 우리의 거부가 뒤집힌 것입니다. 그런데 다들 그렇게 생각하지 않습니다. 내가 믿은 것으로 생각합니다. 하나님이 아무것도 주시지 않은 것으로 되어 있지요. 그러니까 믿어서 다 고민합니다. 세상 사람들은 고민이 없습니다. 치사하기만 하면 되지요.

김관성 요즘 많은 신앙인들이 '견디는 삶'이나 '버티는 삶'을 자주 거론합니다. 신앙인뿐 아니라, 포기해야 할 많은 것들이 생기니 지금의 현실 속에서 어떻게든 버텨 내는 삶이 시대의 화두가 된 게 아닐까 싶기도 합니다. 목사님은 어떻게 보시나요?

박영선 인과법칙에 따라 세상에서는 부익부빈익빈이 계속됩니다. 지면 그만입니다. 한 번 지면 계속 밀리기 때문입니다. 그래서 애꿎게도 정치, 사회, 경제 영역에 화를 쏟아 냅니다.

C. S. 루이스(C. S. Lewis)는 북유럽 신화에 크게 감동을 받았다고 하지요. 그런데 신화 연구가만이 아니라, 뛰어난 기독교 변증가였습니다. 그의 변증은 묘사가 뛰어나서, 그의 글을 인용하지 않은 기독교 서적이 거의 없을 정도입니다. 내용이 아니라 표현으로 등장하지요.

실제로 C. S. 루이스가 어떤 표현을 했다면 그는 글로 표현된 실체를 직접 보았을 것입니다. 표현이 뛰어난 것은 문학적인 기술 때문이 아닙니다. 거기에 가 봤기 때문에 그곳을 정확히 표현해 낼 수 있는 것입니다.

C. S. 루이스는 영국 사람이라서 집안 대대로 예수를 믿었습니다. 그런 사람이 고등학생 때 교회를 떠나 학문에 심취했다가 쉰이 넘어서 신앙으로 돌아왔습니다. 마침내 얻게 된 기독교 신앙에 대한 본인의 납득에 어느 정도는 흥분한 게 아닌가 싶습니다. 그는 그

것을 하나님이 자신을 위해 오래전부터 준비하셨다고 믿었습니다. 그것을 '갈망'이라고 소개하지요. 우리 마음속 깊은 곳에 있는 동심의 그림, 꿈 같은 것이라고 표현합니다. 하나님이 그것을 모든 민족에게 주셨다고 말합니다.

그것이 바로 신화라는 거지요. 신화는 세상이 어떤 신적 능력에 따라 인과법칙을 벗어나는 얘기입니다. 모든 신화는 자기 나라, 자기 민족 얘기니까 자신에게로 좁혀 들어가지만, 어느 나라나 건국 신화는 비슷한 내용을 다룹니다. 신이 사람을 만들고, 비를 주고, 씨앗을 주는 식으로 말이지요. 신화는 무에서 만들어진, 인과법칙에서 벗어난 것으로서 하나님이 모든 나라에 주신 원시 복음에 해당한다고 보았습니다.

가만히 생각해 보면 동화와 신화는 공통점이 있습니다. 즉 '우연'이 등장하는 것입니다. 동화와 신화에는 인과법칙을 벗어난 우연이 나옵니다. 큰 주제는 아니라도, 신화와 동화를 구성하는 장르적 특징 중에 우연이 있는 것입니다. 우연이라기보다 '행운'이라고 하는 게 맞을 것 같네요.

제가 한때 무협지를 열심히 본 적이 있는데, 거기에도 동일한 요소가 있습니다. 무협지는 인연이라는 말로 스토리를 엮어 갑니다. 다 인과법칙을 벗어나지요. 그걸 왜 봤을까 나중에 생각해 보니, 신화와 동화와 무협지에 공히 들어 있는 공통점 때문 같습니다. 인과법칙을 벗어나 숨통을 트여 주기 때문입니다. 그렇지 않습니까.

현대인은 한 번 밀리면 그만인, 다시 솟아나올 수 없는 현실에 갇혀 비명을 지르고 있습니다. 그런데 기독교는 "우리는 이것으로 끝나지 않는다"고 말합니다. 기적이 있고, 은혜가 있다고 말합니다. 인과법칙은 굉장히 비정한 법칙인데, 기독교 신앙은 "하면 된다" 대신 "은혜가 있다"고 말합니다. 은혜란 하지 않고도 받을 수 있다는 뜻이지요.

성공 시대에는 기적과 은혜가 외적으로 확인되었습니다. 그러나 그것으로는 내용을 다 담을 수가 없습니다. 콘텍스트에 금칠을 한다고 해서 훌륭해지는 것이 아니라 그 안에 진리가 담겨 있어야 하는 것입니다. 그러니까 인격과 운명에 담는 것입니다. 옛날에는 정황을 바꿈으로써 기적이 있음을 보여 줬다면, 이제는 같은 정황의 사람들이 불평하고 비명을 지르는 현장에서 기쁨으로 이를 이겨 내고 있음을 증명하라고 요구하는 시대입니다. 이것이 지금 한국 교회가 다다른 길입니다. 이것이 신앙인들에 의해서 증명되어야 합니다. 그래서 더 어렵습니다. 옛날에는 기도하면 다 되었습니다. 이제는 그 기도가 보이는 보상이 아니라, 바로 자기 자신이어야 합니다. 자기 인생이라고 말할 수 있어야 합니다.

제가 요즘 나이 먹는 것이 재밌고 기쁘다고 말하면 다들 기절합니다. 한번 이 나이에 와 보세요.

김관성 동화와 신화와 무협지에 모두 은혜가 있었던 거군요. 목사님이 비유나 논거를 위해 사용하시는 소재들은 지성뿐만 아니라 대중성이 조화를 이루고 있다고 생각합니다. 그래서 결론에 이르면 영적인 청량감을 느끼고, 목사님 말씀에 공감할 수 있는 거겠지요. 이런 능력은 타고난 순발력입니까, 오랜 시간에 걸쳐 예비된 것입니까?

박영선 지성인들은 개념과 사상을 논하고 더 깊은 이해와 통찰을 가지고 싶어합니다. 그래서 전문가들과 서적들에서의 인용이 많습니다. 제 경우는 실제적인 삶에서의 경우가 주된 관심사였습니다. 일어난 일이 가지는 도전, 질문 그리고 실력 없는 존재가 가지는 공포와 비겁함이지요. 생명이 먼저 주어지고 하나님이 그 생명을 기르고 채우고 만드신다고 생각합니다. 무슨 책에서 누가 말한 내용은 그저 지적 나열입니다. 물론 지적 나열은 생명에게 주어진 특권입니다. 생명이 전제입니다. 인격적 존재가 전제가 되어, 읽고 생각하고 고민하고 이해하고 만족하게 하는 것이지요.
아이만 낳으면 그만이 아니라 잘 길러야 합니다. 그런데 낳아야 기르지 않겠습니까. 그러니까 존재론적 순서는 먼저 낳는 것입니다. 낳아서 존재하는 기쁨이 있습니다. 그가 존재하기 때문에 기쁜 것입니다. 그다음에 개념이 들어오는 것이지요. 그 아이가 나쁜지 좋은지는 홀로 독립을 못합니다. 존재하고 나서야 좋고 나쁨이 구별되는 것입니다. 그런데 인격도 존재도 사실도 없고 개념만 남아서 좋고 나쁨이 소용돌이치니까, 존재의 가치가 대수롭지 않게 여겨지는 것입니다.

김관성 교회 어른들과 삶에 관한 얘기를 나누다 보면, 대개 결론이 "김 목사, 사는 거 참 별거 없다"는 충고로 마무리됩니다. 다들 교회에서 맡은 역할들을 잘 감당하시는 훌륭한 분들인데, 연령이 예순에 가깝다 보니 자조적인 표현으로 들립니다. 제가 혈기가 많아서 너무 죽기 살기로 하지 말라는 뜻 같기도 하고요. 대략 느낌은 오지만, 왜 삶은 허탈한 결론에 이르러야 하는지 모르겠습니다. 목사님은 이 말에 진가가 있다고 생각하십니까?

박영선 우리 인생은 혼란스럽고 막막합니다. 행복, 안심, 자존감 등 전부 막연한 기대입니다. 세상은 진실한 답도 관심도 없습니다.
사실 기독교 신앙은 보상이 안 되는 것이 보상입니다. 한국 교회는 이것을 가르쳐야 합니다. 공식적으로 우리가 알고 있는 행복한 삶의 방법론은 진실한 열심을 내는 것입니다. 그 이상 뭐가 있겠습니까. 진실하게 말씀을 읽고 기도하는 것입니다.
교회에서는 보상이라는 말이 세상과 달라야 합니다. 세상에서는 치사한 수단을 동원하면 이익을 얻지만, 교회에서는 진실하면 하나님의 보상을 받습니다. 하나님이 어떻게 보상해 주십니까? 죽으라고 하시지요. 그것이 영광이라고 하십니다. 성경은 역설입니다. 죽어야 삽니다. 그리스도를 따르기 위해서는 자신을 부인하고 십자가를 져야 합니다.

사랑하는 것과 사랑받는 것 중에 뭐가 더 좋습니까? 사랑하는 것도 좋지만 이왕이면 사랑을 받아야 더 좋지요. 그런데 사랑받는 게 별것이 아닙니다. 사랑받는 사람보다 사랑을 주는 사람이 위대합니다. 성경은 하나님이 우리를 사랑하신다고 말합니다. 우리는 더 큰 사랑을 받았으니 다른 사람과 싸우지 말라는 것입니다. 하나님께 충분히 받은 것을 모르면 매사에 봇짐을 들고 있는 것처럼 힘들고 지겹습니다.

이건 가르친다고 배울 수가 없습니다. 시간이 지나야 배웁니다. 죽음이 있기 때문입니다. 죽음 앞에서는 속일 수가 없습니다. 큰소리쳐도 죽습니다. 그래서 구차하게 삶을 연장하거나, 명예에 집착하거나, 욕심을 채우는 것을 멈추고 손을 놓게 됩니다. 세상에 대해서 용기가 생기는 것이기도 합니다. 더 이상 타협하지 않을 수 있습니다. 나이를 먹을수록 시간을 좀 더 진지하게 쓸 수 있는 것 같습니다. 우리의 삶은 살아 있는 그만큼 고통스러운 걸 알지 않습니까? 그런데 오래 사는 게 무슨 재미가 있습니까? 이백 살도 살지 못하는데 말입니다. (웃음)

김관성 그런 현명함도 하나님 안에서 나이 들어 갈 때만 가능하겠지요. 세상은 시간이 지날수록 점점 어두워짐을 느낍니다. 살아가면서 사람이 사람에게서 상처받고 절망하는 일이 점점 더 증가하는 이유는 뭐라고 생각하십니까?

박영선 사람은 자기 인생에 선택의 여지가 없다고 느끼면 자폭합니다. 이런 자폭 속에는 하나님에 대한 원망이 들어 있습니다. 누구를 향하든 욕은 사실 신성모독입니다. 하나님께 어떻게 이럴 수가 있냐고 따지는 것입니다. 우리도 세상에서 일어나는 절망적인 사건들을 보며, 사실 이렇게 생각하는지도 모릅니다. '하나님이 있다면 어떻게 세상이 이럴 수 있어?'
하박국 선지자도 그렇게 질문한 적이 있습니다. "하나님이 계시다면 어떻게 정의가 사라지고 행악자들이 권력을 잡는 것을 보고만 계실 수 있습니까? 어서 심판해 주십시오."
하나님이 대답해 주시지요. "나라를 다 멸망시켜 버리겠다."
선지자는 여전히 불만입니다. "아니 그럼 의인들도 다 같이 망하란 말입니까?"
이에 대한 하나님의 답이 "의인은 믿음으로 살 것이다"입니다. 의인은 믿음으로 살지, 현실로 살지 않습니다. 세상에는 자폭적인 항의와 이 일의 결과로 일어나는 재난이 반복됩니다. 왜 이런 역사와 인생이 반복되는지 이해할 수 없지만, 이런 일들이 우리를 도전하고 자극합니다. 신앙인의 눈에는 이 비극이 보여야 합니다. 신앙인은 하나님이 아닌 무엇으로도 만족이 없지 않습니까.

어느 경우 누구에게나 자살은 참 가슴 아픈 일입니다. 명성과 부를 가지고도 세상을 향해 "내가 얼마나 억울한 줄 아느냐"고 항의하는 것이지요. 하나님 없이는 다른 것으로 만족할 수 없음을 모두가 드러낸 것입니다.

하나님이 정말 살아 계시다면 왜 이런 자폭이 일어나고 재난이 따르는 것입니까? 창조의 역사가 개입하지 않는 한 다른 방법이 없습니다. 예수님이 오시기 전에 세례 요한이 먼저 왔습니다. 빛을 증거하기 위해 온 것입니다. "빛이 세상에 왔으되 사람들이 자기 행위가 악하므로 빛보다 어둠을 더 사랑한 것이니라"(요 3:19).

빛을 설명할 필요는 없습니다. 빛은 보면 알 수 있기 때문입니다. 설명이 필요하다면 보지 못한다는 것인데, 보지 않고서는 설명할 수 없는 게 또한 빛입니다. 빨간색을, 파란색을 설명할 수 있습니까? 눈을 떠야 알 수 있습니다. 그러므로 아무리 아우성을 치고, 진지한 평계를 대도 문제는 하나님을 아는 것입니다. 하나님의 은혜와 능력을 경험해야 하는 것입니다.

김관성 그렇다면 하나님은 왜 보다 적극적으로 우리에게 보여 주시지 않을까요?

박영선 하나님이 그렇게 하지 않으시는 이유는 창조 때 이미 한 번 하셨기 때문입니다. 그분은 우리라는 존재를 신의 형상으로 만드셨습니다. 그러나 우리가 죄를 선택한 것입니다. 하나님은 그 두 가지를 조건으로 넣고 일을 하십니다. 우리의 존재가 있고, 우리의 선택이 있는 것 말입니다. 그리고 하나님이 구원을 주셨습니다.

첫 번째, 두 번째는 모두가 가지는 절대적인 조건입니다. 존재하고 선택했다는 것 말입니다. 우리는 그 세상에서 살면서 하나님께 항의합니다. 우리 인류가 실컷 보고 선택한 것입니다. 그리고 예수 안에서 하나님이 구원을 주신 것에 대한 내용이 그 가운데 중첩되었습니다. 둘이 일해서 하나님이 만들고자 하시는 것을 만들어 가는 것입니다.

그렇지 않고 죽은 사람들은 어떻게 되는지 궁금해하실지 모르겠습니다. 그것은 알 수 없습니다. 우리가 존재했으면 그것은 다 하나님의 은혜와 능력에 의해서 존재했었던 것입니다. 우리가 죄악 중에서 살고 죽어 간 것은 우리가 선택한 결과인 것입니다. 그것이 무슨 일을 어떻게 만들어 가는지는 우리가 알 수 없습니다.

그렇다면 사전에 믿고 아는 것과 모르는 것에는 어떤 차이가 있을까요? 믿고 알면 명예롭게 살 기회가 생깁니다. 운명만의 문제가 아니라, 죽은 다음에 어떻게 되느냐의 문제만이 아니라 살아 있을 동안에 명예롭게 살 기회가 생긴다는 것입니다. 그러므로 살아 생전에 전도해야 된다거나, 죽은 다음에 천국에 가야 된다거나 하는 것보다 더 큰 것입니다. 살아 있는 동안에 수많은 명예와 기회를 가질 수 있게 되는 것이지요.

김관성 죽음도 끝이 아니니 주어진 삶을 잘 살긴 해야겠는데, 시간이 끝도 아닌 어중간한 곳에 서 있어서 그런지 아직은 뭘 해야 할지 모르겠습니다.

박영선 앞을 내다보고는 일을 할 수 없습니다. 일어나는 일에 떠밀려서 할 수 없는 일을 하게 되지요. 할 수 없는 일을 하는데 나중에 보면, 돌아보면 보입니다.
스티브 잡스(Steve Jobs)가 스탠포드 대학 졸업식에서 연설을 했지요. 그리스도인이 아닌데도 '점의 연결'(Connecting the Dot)에 대한 얘기를 하더군요. "그땐 몰랐습니다. 되돌아보니 엮이더군요. 믿음을 갖고 사십시오. 자기 마음을 따르십시오(Follow your heart)!"
우리한테는 막막하고 곤란하게 들릴 겁니다. 하고 싶은 대로 하는 건 성공한 사람의 마음이지요. 스티브 잡스의 졸업식 연설은 그가 성공한 천재기 때문에 할 수 있는 말입니다. 평범한 우리도 할 수 있을까요? 우리를 생각하지 마시고 하나님을 기억하십시오. 하나님은 인격적이시고 자비로우신 분입니다. 우리를 용서하시고 고치시고 끌어안으신 분입니다. 이것은 어마어마한 진리입니다.
스티브 잡스의 개인적인 인간관계나 인격은 어떤 평가를 받고 있습니까? 사람은 인격과 관계에서 가치가 드러나는 법입니다. 그런데 우리에게는 하나님이 계시니 마음대로 해 보라고 할 만합니다. 하나님은 우리한테 능력을 발휘하라고 하지 않으십니다. 마음대로 해 보라고만 하세요. 괜찮다는데 우리가 스스로 떨고 있는 것이지요.

04
성숙해 가는 하나님의 사람이 되십시오

김관성 사람들이 일반적으로 말하는 죄의 모습에도 하나님의 은혜를 담을 수 있는 영역이 있다고 보시나요?

박영선 죄의 모습이 무엇입니까? 하나님이 없다고 생각하고 하는 모든 것이 죄입니다. 모든 죄는 하나님이 없으면 어떤 것도 그 가치와 아름다움을 유지할 수 없다는 증언이 됩니다. 성경을 읽고, 기도하고 회개하는 종교적 진심들은 성경의 주인이요 기도의 대상인 하나님을 만나고 알아가는 가장 좋은 방법입니다. 진심과 성의와 지극함이라는 추상적 개념이 내용이 되게 하지 말고 그것이 모두 하나님을 알고 모시는 그릇이 되게 하십시오.

김관성 제가 알고 있는 두 남녀 선생님이 불륜을 저질러 큰 비난이 인 적이 있습니다. 두 사람은 각각 이혼한 후 정식으로 결혼해서 선교지로 떠났는데, 힘들고 고통스러운 사역의 현장에 뛰어든 게 불륜의 죗값을 지우려는 죄책감의 일환이 아닌가 싶었습니다. 우리 교회 안에는 죄책감을 떨쳐 내기 위한 보상으로서 교회 봉사에 참여하는 정서가 많지 않습니까. 주일 예배에 못 오면 새벽기도회에 나오는 식으로요. 여기에 대해 어떻게 생각하십니까?

박영선 시대가 바뀌었습니다. 과거와 현재가 다릅니다. 과거 한국 사회에는 윤리 이상의 가치나 이해가 없었습니다. 그 과거를 지나 우리가 지금의 사회에 왔고, 우리도 더 나아왔습니다. 도망을 간 두 분에게는 선택의 여지가 없었을 것입니다. 선택의 여지가 없는 선택입니다. 두 분이 살고 있는 곳에서는 비난의 시선으로 바라봐서 살기 힘듭니다. 그래서 맨 정신일 때는 가지 못하던 선교지를 간 것입니다. 두 분에게는 그만하면 책임 있는 행동이라 볼 수 있습니다.

김관성 십계명 중 간음 문제에 대해 강해할 때 저는 목사님이 어느 책에서 하신 말씀에서 아이디어를 얻기도 했습니다. 인간이 얼마나 유혹에 약한지, 누구든지 유혹에 넘어질 수 있다고 빗대어 말씀하셨거든요.

박영선 그것이 현실입니다. 현실이란 당연한데 예상치 않았던 것입니다. 당연하다는 것은 그것이 사실이라는 뜻입니다. 여기 앉아 있는 것은 사실이지요? 무슨 이유든 핑계 대고 설명할 필요가 없습니다. 이것은 사진적 사실입니다. 우리가 시공간에 같이 앉아 있으니까요. "무엇 하려고 만났느냐?", "무엇을 했느냐?", "왜 그랬느냐?" 하는 것은 모두 이 사실을 전제합니다.

그런데 어떤 날 보면 자신의 존재와 지위와 그 시대에 일어나는 조건 속에서 내가 만난 오늘이 하나도 이해가 안 되는 것입니다. '나는 왜 거지같이 태어나서 이런 꼴이 되었을까?' 하는 생각이 듭니다.

생각해 보십시오. 메르스에, 가뭄까지 이 모든 것은 내가 결정하지 않았고, 내 책임이 없고, 내게 물어보지도 않았습니다. 그것은 나 자신도 마찬가지이지요. 왜 내가 여기 붙잡혀 왔는지 모릅니다. 하나님의 손안에 있다는 것입니다. 그 사실을 받아들이고 거기서 "어떻게 할래? 무엇을 할 수 있어?" 하고 물어야 하는 것입니다. 방향은 알고 있습니다. 방향은 하나님께 순종하는 것이지요. 이스라엘 역사를 보면 인간이 저지를 수 있는 모든 정황이 들어 있습니다. 그들은 별짓을 다 했습니다. 사사기에서도 볼 수 있고,

출애굽해서 40년간 광야에서 다 죽고 원망하는 등 모든 정황이 다 있습니다.

이제 생각해 보면 최선이란 묵묵히 가는 것입니다. 하나님은 훨씬 크고 깊고 넘치십니다. 그러니까 아우성을 친 것만큼 우스워지는 것이지요. 모세가 물을 내려고 성질부렸다가 가나안에 못 들어가게 되었잖습니까. 멋있게 해야 하는데 그것이 잘 안 되지요? 안 되면 감수해야 합니다.

로마서는 말합니다. "너희 몸을 하나님이 기뻐하시는 거룩한 산 제물로 드리라 이는 너희가 드릴 영적 예배니라 너희는 이 세대를 본받지 말고 오직 마음을 새롭게 함으로 변화를 받아 하나님의 선하시고 기뻐하시고 온전하신 뜻이 무엇인지 분별하도록 하라"(롬 12:1-2). 그리고 이어지는 3절에서 "믿음의 분량대로 지혜롭게 생각하라"고 합니다. 실력만큼 하라는 것입니다. 완벽하려고 하지 말고, 예수가 되려고 하지 말고, 그분의 뒤나 쫓아가라는 것이지요. 그러면 어느 날 자라 있는 것입니다.

누가 와서 제게 질문을 합니다. 제게는 간단한 문제이지만 질문하는 그는 방법을 모르니 찾아왔겠지요. 하지만 그는 자신이 원하는 것 말고 하나님께 다른 것을 물어야 합니다. 하나님이 사람을 자라게 하시는 방법은 독특합니다. 물이 바다를 덮음같이 자라게 하십니다.

물이 바다를 덮는 것이 뭡니까? 물기둥이 치솟는 것이 아니라 주위를 빈자리 없이 모두 물로 채워 가는 것입니다. 인격적으로 성숙해야 합니다. 기능적인 사람, 무엇에 쓸모 있는 독특한 사람이 되는 것이 아니라 아무것도 아닌 사람이 하나님의 목적입니다. 기능적으로 쓰이는 사람은 수도꼭지이거나 바가지입니다. 그것은 바다가 아니지요. 우리가 바다입니다.

김관성 요즘 목회자로서 느끼는 큰 어려움들은 사랑으로 인해 빚어지는 형태입니다. 이혼, 자유로운 연애 형태, 동성애, 불륜 등을 행하는 사람들이 예수님을 사랑한다면서 자신들의 입장을 대변하는 논리를 만들어 내기도 합니다. 특히 이혼을 고민하거나 이혼한 사람들은 자기 같은 상황이라면 이혼하지 않을 사람이 없다는 말을 곧잘 합니다. 또 주변에서 많이 듣습니다. 어떻게 대응해야 한다고 생각하십니까?

박영선 지금 말씀하신 항목들은 해서는 다 안 됩니다. 그것이 원칙입니다. 그러나 현실에서는 이 원칙이 깨지곤 합니다.
지킬 수 없는 원칙은 차라리 없애자라고 말하는 것은 무책임한 것입니다. 원칙을 지키지 못하는 각자의 진실을 확인하고 자기 성찰을 가져야 하는 것입니다.
그런데 이런 경우는 있을 수 있습니다. 누구나 죄를 짓습니다. "거짓말은 안 된다"고 벌써 선언했지만 누구나 거짓말을 합니다. 그것은 범죄지만 그 범죄를 다 처벌하지는 못합니다. 그러나 선을 그어 놓아야 하는 것입니다.

이혼의 경우를 보십시오. "저와 같은 상황에 내몰리면 그런 말 못합니다"라고 하는 사람이 있다면, 그것은 그 자신의 선택입니다. 다시 말해 안 된다는 것을 알고도 한 것이지요. "이혼은 안 해야 하는 것인데 제 능력이 모자라서 했습니다" 하고 본인이 그것을 알고 있어야지, 그것을 누구든 자신과 같은 상황이라면 견딜 수 없었을 것이라고 이야기하게 해서는 안 되는 것입니다.

그것은 견뎠어야 하는 것인데 견디지 못한 것이고, 그것으로도 어떤 부분에서 하나님이 일하신다는 것을 우리는 알아야 합니다. 우리는 우리가 잘한 것으로만 하나님이 일하지 않으시고, 잘못한 것으로도 일하신다는 것을 알아야 합니다. 그것은 분명 잘한 것이 아닙니다. 잘못한 것임을 알아야 하고, 마음에 갖고 있어야 합니다.

자책하라는 뜻이 아닙니다. 우리가 그것을 이길 힘이 없다는 것을 인정하라는 뜻입니다. 그런데 신앙의 문제와 이러한 부분들을 어떻게든 변명하며 책임을 면하려 하기 때문에 문제가 되는 것입니다.

원칙을 지키지 못하는 각자의 진실을 확인하고 자기 성찰을 가져야 하는 것입니다.

05
하나님이 일하심을 믿으십시오

김관성 아사다 지로의 장편소설《칼에 지다》(북하우스, 2004) 주인공이 사무라이입니다. 사무라이의 영광은 스스로 죽는 건데, 이 사람은 어떻게든 죽지 않고 살아남아 가족을 먹여 살리려는 비굴한 인물로 그려지지요. 마지막 순간까지 죽음의 명예를 회피하다가, 결국 할복할 처지에 몰려 자기 딸에게 편지를 보냅니다. "내 주군은 나라님도, 조장도 아니고, 바로 너희였다!" 우리가 삶을 이어가는 건 대단한 대의명분 때문이 아니라는 의미인 것 같습니다. 지금 당장 포기할 수 없는 가장 비루하고 비참한 요소들을 붙잡고 견디는 것이 삶이 아닌가 합니다.

박영선 예수가 십자가에 돌아가신 것을 우리는 장렬하게 미화했습니다. 그분은 자결하신 게 아닙니다. 못 박혀 죽으셨지요. 제가 하고 싶은 것도 바로 그것입니다. 그만두지 말고 매 맞아 죽으라는 것입니다. 십자가가 뭔지 전혀 모르는 것입니다. 우리는 다 십자가를 지지 않고 휘두르고 있습니다.

이렇게 말하면 "하나님이 죽음으로 당신의 사랑을 증명하신 것과 같이 우리가 가장 비참해지는 것도 그분의 은혜의 손길이고 닮는 손길이다"라는 명예로, 위대함으로 이해하지 않고 치사함으로 이해합니다. 명분의 장렬함이지요. 그래서 제가 제일 질색하는 것이 머리 깎고 혈서 쓰고 오는 것입니다. 그 시간에 연습해야 합니다. 연습을 못하겠으면 잠이라도 더 자 두어야 합니다. 스포츠 선수가 혈서 쓰고 머리 깎고 나오면 안 됩니다. 평소에 실력을 쌓아 두어 넉넉해져 있어야 합니다.

김관성 하지만 견딤의 이유가 신앙적인 대의가 아니라 그저 다른 방법이 없기 때문이라면, 그 또한 비참한 게 아닌가요? 이렇게 비굴해 보이는 것도 신앙이라고 할 수 있습니까?

박영선 신앙에서 제일 중요한 것은 하나님의 일하심이 개념이 아니라 사실이라는 것입니다. 오늘이 신앙입니다. 오늘이란 하나님이 허락하신 오늘을 말합니다.

예수님은 공생애를 시작하시기 전에 사탄의 시험을 받으셨습니다. 그중에 중요한 시험이 "내게 절하면 천하를 주겠다"는 것이었습니다. 이에 예수님은 "싫다. 나는 모두로 아버지를 예배하게 하려고 왔다"고 답하셨습니다. 예수님은 자신이 천하를 다스리는 권력을 가지는 것, 즉 권력 싸움을 거부하셨습니다.

예수를 믿는다는 것은 세상의 권력 구조 가운데서 피지배자의 입장으로, '하나님 아버지 경배'라는 싸움을 하는 것입니다. 예수는 이 싸움의 역사적 증인이라는 것입니다. 우리가 가장 중요시해야 할 것은 우리가 우리 인생에 책임을 지는 것입니다. 책임이란 우리가 선택하고 결정을 해야 하는 거예요. 매일 습관적으로 하든 잘못하든 말이지요.

예수를 믿는다는 것은 세상의 '이것을 할 것인가, 저것을 할 것인가?'와 '언제 할 것인가?'라는 타이밍이 있습니다. 미룰 수 있으면 대부분 미루지요. 그러나 결국에는 결정을 해야 하는 순간이 옵니다. 또한 결정에는 '내가 할 수 있는 것을 할 수 있는가?'라는 부분도 있습니다. 현실적인 것이지요. "이것은 참을 수 없다" 하는데, 안 참으면 어떻게 합니까? 자폭 말고는 할 것이 없는데 말이지요. "나는 여기서 못 빠져나오면 죽겠다" 하면 하나님은 "죽어라" 하십니다. "아니, 그렇게는 못하겠습니다" 하면 "그러면 참아라" 하시지요. (웃음) 죽겠다고, 죽을 것 같다고 하면 하나님은 "천국 데리고 갈게" 하십니다.

그것이 이스라엘의 역사입니다. "너희가 바벨론 포로 돼라"고 하십니다. 하나님을 믿는 민족이 하나님을 모르는 민족을 보며 설마 그들에게 지겠냐고 합니다. 애굽에서 나온 민족이니까요. 하지만 예레미야는 통나무에 넣고 톱으로 썰어 죽임을 당했다고 하지 않습니까. 거기까지 가는 것입니다. 선지자 노릇 하면 대접받지 못합니다. 그러니까 악쓸 필요 없습니다.

김관성 미국에서 딸을 잃은 한국인 목사님이 계십니다. 그때 심정을 글로 쓰셨는데요. 사람들은 말하기를, 하나님이 은혜를 주시려고 이런 일이 생겼다지만, 자신은 그런 은혜가 필요 없을 뿐 아니라 그런 생각할 틈도 없다. 다른 방법이 뭐가 있나, 안 죽고 살아야 한다. 그렇게 버틴다는 것입니다.
이 목사님이 딸을 잃고도 흐트러짐 없이 목회를 계속하니까 주변에서 그 신앙을 칭찬한 모양입니다. 그래서 이분이 신앙을 명분과 말잔치로 과대포장하고 평가하는 것을 거부합니다. 이렇게 쓰셨더라고요. "얼마나 긴 시간 아파야 하고, 이 상황을 어떻게 통과해야 할지 나도 잘 모르겠다. 솔직히 신앙이 나를 붙잡고 있는 것인지, 내가 신앙을 붙잡고 구차하게 견디고 있는지 모르겠다. 하지만 중요한 것은 내가 이 고통스러운 삶을 지탱하고 걸어가야 하는 것 아니겠는가." 이 말에 크게 공감이 됩니다만, 하나님 안에서도 우리는 해결되지 않는 고민을 안고 사는 것 같습니다.

박영선 생명이 있으니 고통이 있는 것입니다. 소망이 있고 억울함이 있는 것입니다. 고통이 없으면 생명은 영광도 없습니다.

김관성 때로는 그런 고통은 없었으면 좋겠다고 생각합니다.

박영선 생각 안 하는 돌이 되면 가능하겠지요. (웃음)

김관성 똑똑하면 괴롭기만 한 것 같습니다.

박영선 그렇습니다. 똑똑하면 해결책이 보이기 때문이에요. 그런데 그 해결책이 하나님이 원하시는 끝은 아닙니다. 해결됐다고 끝나는 게 아니지요.
군대에서 제일 많이 하는 것이 선착순입니다. 선착순은 등수에 들게 하려는 것이 목적이 아닙니다. 훈련을 시키기 위해서지요. 복종, 경쟁, 인내, 한계 극복 등을 가르칩니다. 그래서 계속 뺑뺑이를 돌립니다. 나중에는 날아 오는 총알보다 지휘관이 더 무서워집니다. 차라리 나가서 총 맞고 죽고 싶다고 하지요. (웃음) 반복되는 훈련은 그만큼 중요합니다. 한 번의 실전보다 중요할 때도 있습니다.

김관성 그런데도 목회자는 목회자대로, 성도는 성도대로 자기를 증명하고 싶어서 몸부림을 치지 않습니까. 목사님이 언젠가 하나님의 일하심을 믿고 신뢰하면서 여유를 가져야 한다고 말씀하셨습니다. 이 여유를 갖기가 정말 어려운 것 같습니다.

박영선 젊을 때는 자기가 다 책임지지 않아도 됩니다. 그래서 모든 게 가능합니다. 사고를 쳐도 부모가 책임을 지니까 걱정이 없습니다. 어른이 되면 자기가 책임을 져야 합니다. 여유를 갖는다는 것은 그 노동을 해결해야 하는 것이 아닙니다. 무엇을 맡느냐는 것이지요. 맡은 짐을 지는 것이지요. 해결하여 벗으라는 것이 아닙니다.
예를 들어 게임 하나를 해도 승부가 전부인 것이 아닙니다. 과정을 즐기지 못합니다. 고스톱 하나를 쳐도 나중에는 가위 바위 보로 끝납니다. 승부를 빨리 보려고 하지요. 승부를 걸고 승부를 내는 과정 속에서 참여한 자들의 기술적인 실력과 인격적인 실력이라는 것이 드러나는 것입니다. 진 팀이 잘해야 하는 것입니다. 이겼을 때는 이겼기 때문에 쉽습니다. 이긴 사람들 중에 영광스럽게 박수 받도록 이기는 경우가 드뭅니다. 이기면 진 사람을 위로하고 배려하는 멋이 있어야 합니다.
윔블던 테니스 경기를 보면, 이기면 꼭 바닥에 드러누워 환호합니다. 물론 그만한 대회입니다. 그러나 먼저 가서 위로하고 돌아서서 손을 들어야 하는 것입니다. 지면 "당신, 훌륭합니다" 하면 됩니다. 졌는데 미운 소리를 할 필요가 있습니까? 그러면 상대방이 다시 봅니다. 졌을 때 멋있게 굴어야지요.

김관성 세상 일이 하나님의 섭리와 계획만으로 다 설명이 가능한 게 아니지 않습니까. 얼마 전에 뉴스를 보니 북한산에 올라갔다가 굴러 온 돌에 맞아 돌아가신 분의 사연이 나오더군요. 이런 일을 통해서 하나님이 무슨 일을 하실까요? 제가 아는 분 중에 신앙은 있지만 교회에 출석하지 않는 성도가 있는데, 유서 깊은 기독교 가문에서 자라 본인도 안수집사가 됐는데 지금은 교회를 안 나갑니다. 저런 일들 때문이라고 합니다.

박영선 우리가 하나님을 외면했습니다. 창조 세계는 원칙에 세워져 있는 것이 아니라 하나님의 은혜 위에 서 있습니다. 하나님이 창조 세계를 책임지시지 않으면 다 재앙이 되는 곳에 있지요. 우리가 선택한 조건입니다. 이 세상의 분명한 현실은 재앙이 있다는 것입니다. 이 세상은 결국 다 망하며, 왜곡되고 부패하고 더럽다는 것입니다. 그 속에 구원이 들어온 것입니다. 그런데 자기들이 유리창을 깨뜨리고 나서 비가 새니까 "아버지는 뭐 하고 있습니까!" 하고 따지는 것입니다. 자기 마음대로 갖다 붙인 것인데 무지한 불평이지요.
세상은 죄라는 것이 무슨 말인지 모릅니다. 우리가 선택한 것입니다. '하나님 없음'을 우리가 선택했다는 뜻이지요. 생명이 만들어지면 기계적으로 자라지 않습니다. 생명을 만드시고 보존하시고 채우시는 분이 없으면 생명이 내용을 가지지 못합니다.

하나님의 성실하심이 창조 세계를 계속 공급하고 있는데, 우리가 하나님을 외면해서 죄가 들어와 부패와 왜곡과 사망이 있는 것입니다. 그 두 가지가 같이 일어나고 있습니다. 하나님의 보존하심과 우리의 선택이 만든 재앙을 하나님이 끌고 오고 계시는 거예요. 오래 참고 계시는 것이지요. 우리 모두를 승리로, 구원으로 끌고 가시려는 것입니다.

그래서 구원이 있듯이 사망이 늘 있는 것입니다. 아무리 목사라도 아이를 낳으면 죄인으로 낳습니다. 그 조건을 무시해서는 안 됩니다. 우리가 어떤 선택, 어떤 조건 속에 있는지는 다 무시하고 원망만 남은 것입니다.

김관성 세상에는 믿는 사람으로서 대단히 실망스러운 현상과 사건들이 많은 게 사실입니다. 솔직히 말해서 하나님의 현존과 통치를 느낄 수 없을 때가 너무 많습니다. 이런 인식 자체가 불순한 것입니까?

박영선 하나님이 일하시는 방법과 가치를 모르기 때문입니다. 우리의 이해 내에 붙들어 매려고 해서 그런 것입니다. 예를 들어 2차

세계대전 중에 일어난 유대인 학살이나 노예제도나 인류가 저지른 만행 때문에 기독교를 버린 사람이 있습니다. "하나님이 있다면 이건 아니다." "하나님이 없어서 일어난 일이다." 이런 말들이야말로 깊이 간 것 같으면서 일어난 일이 그것으로 끝인 줄 아는 것입니다. 우리에게 일어난 일이 전부가 아닙니다.

역사란 잘잘못의 이야기가 아닙니다. 일어난 사실에 대한 기록인데, 그것이 어떤 가치를 가지는지는 끝나 봐야 알 수 있습니다. 그렇다면 끝은 언제 올까요? 우리가 유토피아를 만들거나, 자멸이나 공멸을 선택해서 오는 게 아니고 예수님이 다시 오시는 날이 끝나는 날입니다. 돌연히 끝나는 것이지요. 요한계시록의 증언들은 갑자기 찾아옵니다. 그날은 마치 노아의 날과 같이, 홍수 나기 전까지 시집가고 장가가고 잔치 하지만 어디까지나 돌연히 찾아옵니다. 역사가 만들어 내는 결과가 아니라는 것이지요.

하나님의 개입에 의해서 끝나는데, 그것이 개입에 의해 끝날 수 있는 것은 그전에 역사가 하나님의 개입에 있었다는 뜻입니다. "여기까지다"라고 끝을 내시는 것이지요. 우리가 보고 주류라고 여겼던 것이 주류가 아니라 그 안에서 일하셨던 하나님의 진짜 역사가 분명히 나오는 것입니다.

김관성 하나님의 거룩하심 안에 들어가 있으면, 불합리함 속에서도 억울하지만 걸어갈 수 있다는 뜻이지요? 그런데 이렇게 살아

가는 성도들이 정말 많습니까? 믿는 사람의 삶이 믿지 않는 사람과 크게 다르지 않습니다. 무늬만 신자라고 하지 않습니까. 신앙이 현실에서 본질적인 힘을 발휘하지 못하는 일들에 대해 어떻게 생각하시는지요?

박영선 당연한 일입니다. 한국 축구가 세계 랭킹 40위쯤 된다는데, 가끔은 하는 걸 보면 한 100위쯤 되는 것 같지 않습니까. 앞으로 한국 교회가 100년쯤 더 전력투구하면 쫓아가지 않겠습니까. 그럼 그 전까지는 어떻게 합니까? 다 없애 버립니까? 지금이 있어야 다음도 있는 것입니다. 그래서 기다리는 사람이 이기는 것입니다.

김관성 목사님 말씀이 단번에 이해되기는 힘듭니다. (웃음) 한국 교회가 너무나 단선적인 신앙을 설명해 왔기 때문인 것 같습니다. 기도하면 응답받고, 고통이 있으면 기도해서 해결 받으라고 가르쳤고, 그 주제들을 많이 들어 와서 목사님의 말씀이 익숙하지 않습니다. 이런 방식에 익숙한 성도들은 기독교 신앙과 관련된 깊은 이야기를 이해하는 데 시간이 걸리고 방법이 필요한 것 같습니다.

박영선 방법은 없습니다. 영화 〈타이타닉〉에서 드라마틱한 주제는 배가 침몰한 것입니다. 그 배는 당대 최고의 크기를 자랑하는 호화 유람선이었습니다. 이런 배의 선원이 되는 것은 명예였습니다. 그런데 배의 목적은 승객을 실어 나르는 것입니다. 승객들은 일단 배에 타면 먹고 자고 노는 것 외에 관심이 없습니다. 배가 알아서 실어다 주기 때문이지요. 뭐가 어떻게 되는지, 누가 누구인지 아무 관심도 없습니다. 실어다 주면 자기 갈 길을 가는 것입니다.

이걸 잊으면 안 됩니다. 승객들을 전부 훈련시켜서 선장이나 선원으로 만들 필요가 없습니다. 조타실에 초대해서 기념으로 선장 모자 쓰고 사진 찍게 해 주면 됩니다. 다음은 하나님이 알아서 하십니다.

우리 기독교 신앙 이해에서 우리보다 하나님이 먼저 일하시고, 매일 인생과 역사를 여시고 개입하시고 은혜를 베풀어 이끌고 지키신다는 것이 먼저 강조되어야 합니다.

우리의 이해와 순종은 보상을 받는 조건이기보다 하나님의 목적과 뜻에 맞는 존재와 가치를 가지는 것이지요. 그런 증거가 되는 것이요 그런 완성체가 되는 것입니다.

2부   신앙을 말하다

01 무엇보다 하나님을 알아가야 합니다
02 하나님을 향한 믿음 위에 서야 합니다
03 하나님 없는 것이 죄입니다
04 교회는 생명을 맡은 곳입니다
05 결국 하나님이 답이십니다

01
무엇보다 하나님을 알아가야 합니다

김관성 목사님은 다양한 표현으로 하나님을 묘사하시는데요, 하나님이 우리의 인식이나 경험을 훨씬 뛰어넘으신다고도 하셨습니다. 성경에 나타나신 하나님, 그리고 각자가 경험하는 실제의 하나님 가운데, 전자가 후자보다 더 크시다는 의미로 해석할 수 있을까요?

박영선 그렇습니다. 예수의 성육신은 '하나님이 실제로 역사에 개입하셨다'는 뜻만 있는 것이 아니라 '무한하신 분이 유한이 되셨다'고만 이해합니다. 그런데 '하나님은 예수의 성육신으로 유한에

다가 무한을 담으실 수 있다'입니다. 예수님이 시간과 공간에 묶이신 것입니다. 예수님이 만나신 사람들은 전 인류 중에서 극히 적은 부분이고, 시간적으로도 33년밖에 안 되고, 지역적으로도 이스라엘에 불과한데 거기다가 하나님이 다 담으십니다. 나중에 예수님이 부활하셔서 "아버지께서 하늘과 땅의 권세를 내게 주셨으니"라고 말씀하시잖습니까.

결국 우리는 물리적으로 전체 세계 속에서 한 존재에 불과합니다. 2인분도 못하잖아요. 공간을 나 혼자 채울 수도 없습니다. 예수님이 말씀하신 것에 대입할 때, 결국 나는 작은 존재이지만 전체보다 큰 존재인 것입니다.

내가 그렇게 하겠다는 것과 못하겠다는 선택이, 하나님의 능력이 가장 강력하게 효과를 일으키는 하나님의 개입입니다. 그것이 예수의 증언입니다. 내가 속한 시대라는 것 이상으로 인류 역사 전체가 우리 몫인데, 내가 없으면 안 된다고 하십니다. 이름 하나 없이 죽어 간 자들 하나하나가 다 없으면 안 되는 것입니다. 퍼즐의 조각 정도가 아니라 예수의 성육신입니다.

한 사람의 가치는 내가 어떻게 전체에게 영향력이 있는가가 아니라 내가 없으면 내가 없다는 것입니다. 내가 누구를 찬성했을 때는, 반대로 누구를 반대한다고 생각했다는 것입니다. 나야 내가 투표도 하고, 내가 반대도 하고, 내가 누구를 만나기도 하고 관계도 맺습니다. 그것은 누구에게 나눌 수가 없습니다. 누구에게 설명을 하고, 동의를 구하는 일은 있어도 그 책임이나 실체를 공유할 수는 없습니다. 내가 나간 것과 내가 안 나간 것은 100퍼센트 나간 것이고, 100퍼센트 안 나간 것입니다.

그러니 모든 하나하나는 뭐라고 말할 수 없이 특별한 존재인 것입니다. 남들이 어떻게 보느냐는 중요하지 않습니다. 그것이 우리에게 조건입니다. 그것이 우리가 감당해야 하는 인생의 지위이고, 지금의 정황에서 고유한 각자의 역할이요 가치입니다.

김관성 우리가 스스로 가질 수 없고 누릴 수 없는 것을 하나님께 받는 것이 우리의 영광이라면, 이를 방해하는 것은 무엇일까요?

박영선 우리는 끊임없이 인과율에 묶입니다. 이해와 안심의 문제이지요. 하나님은 자꾸 오셔서 그것을 깨십니다. 내가 잘했다고 생각하는 것이 꼭 좋은 것이 아니라는 것을 가르치십니다. 그다음에, 잘못했다고 생각하는 것이 꼭 손해가 아니라고 가르치시지요. 잘하고 잘못하고로 나뉘는 것이 아니라 더 큰 것이 있는 것입니다.

성경에서는 끊임없이 예수를 이야기합니다. 하나님의 사랑을 이야기합니다. 하나님을 소개할 때는 하나님의 성품을 이야기하지요. 성경이 믿음, 사랑, 용서, 은혜를 말한다는 것은 모두가 다 경쟁적이거나 보상적 차원에서는 생각할 수 없는 것들입니다.

믿음이란 인과법칙을 넘어서는 하나님의 방법입니다. 믿음은 신뢰하고 승부를 맡기는 것보다 큰 것입니다. 우리가 아는 것보다 훨씬 큰 것이라는 뜻이지요. 사랑이라는 것은 인간의 욕심을 채우거나 필요를 해결하는 것과는 차원이 다른 것입니다. 우리가 인격적 가치를 가지고 있다는 것을 깨닫는 것입니다.

구체적인 것은 살면서 하나씩 배웁니다. 현실에서 만나는 일상 속에서 사랑, 믿음, 기쁨 등을 배우게 되고 이러한 것들은 우리가 경험한 것보다 무한히 큰 어떤 것이라 확대됩니다. 신앙이 좋아지면 "이것입니다"라고 말할 수 없습니다. "이것입니다"라고 말하는 순간 제한이 됩니다. 신앙을 깨우치는 모든 것이 하나님의 경험과 개념을 넘어 그것을 만드시고 채우시고 완성케 하시는 하나님으로 인도됩니다.

김관성 우리가 자기 수준의 인식의 틀로 하나님을 정의하고 이해하려고 한다는 뜻이지요?

박영선 인간은 자기가 확인하는 것으로는 모자라는 존재입니다. 우리가 기대하고, 할 수 있는 것, 소원하는 것보다 하나님은 더 큰 분이십니다. 우리의 기대는 우리가 할 수 있는 것에 기초한 상상을 벗어나지 못합니다. 이 세상을 다 가지고, 하늘을 나는 것은 모두 가능 속에 있는, 또는 할 수 없는 제한 속에서 나오는 제한을 뒤집은 것에 불과합니다. 화투장을 뒤집어 놓은 것과 엎어 놓은 것의 차이밖에 안 되지요. 그보다 하나님은 더 큰 분이십니다. 그 모든 것을 만드시고, 그 모든 것으로 영광과 승리와 항복을 주시려는 하나님의 일하심의 구체적인 조건이고 정황인데, 우리는 그 위로는 날아갈 수가 없습니다.

그러므로 말씀을 읽을 때 말씀을 따라 그곳으로 가야 하는데 '이해가 되느냐, 안 되느냐'에서 다 잡히는 것이지요. 읽어서 자신이 상상하는 것을 확인하는 데 적용하고, 그것을 깨고 나가는 데에는 하나님의 개입이 필요합니다. 예수를 만나는 것 자체가 그렇습니다. 특별한 설교에서 은혜를 받는 것이 아니라, 그날 하나님이 찾아오시면 아무것도 아닌 것에서 내가 하나님을 만나는 것입니다. 하나님이 거실로 들어오시면 거실에서 만나는 것이고, 길에서 찾아오시면 길에서 만나는 것입니다. 그 길이 조건이 아닌 것이지요.

김관성 우리를 방해하는 것의 실체가 결국 우리의 인식 자체인 것 같습니다. 하나님과 신앙과 믿음을 오해한 결과로요. 유진 피터슨은 이를 "우리가 원하는 때 우리가 원하는 것을 우리의 방법대로 달라고 요청하는 것'"이라고 표현했습니다. 왜 이런 식의 미성숙한 신앙에 머물러 있게 되는 걸까요?

박영선 그것이 죄입니다. 하나님이 없으면 자신이 안심할 수 있는 방법론을 찾을 수밖에 없습니다. 권력, 명성, 지위, 수단 등을 확보하려고 하는데, 그것을 가진 자들에게 물어보면 그것이 답이 아니라는 것을 알게 됩니다.

권력을 가진 자들이 가장 두려워합니다. 권력을 가질 때마다 반역을 염두에 두고 측근을 의심하지요. 권력은 다만 힘일 뿐 만족시킬 여유가 없습니다. 가장 강력할 때 가장 큰 의심이 일어나고, 역사가 그렇습니다. 가장 충성했던 사람이 배반합니다. 모두가 피해자가 된다는 사실을 역사가 보여 주는데 사람들은 헤어나지 못합입니다.

김관성 그런 점에서 큰 교회 목사가 되려는 욕심을 버려야 할 텐데요. (웃음)

박영선 중력의 법칙입니다. 하나님이 우리에게 세상을 무대로 주셨습니다. 그것이 구체화입니다. 무대에는 보이는 공간적 조건만 있는 것이 아니라 전후가 있습니다. 그러니까 큰 교회 목사가 되고 싶은 것이 전이고, 그 후가 있게 하는 것이지요. 그 소원이 만족이 되어서 나오는 결과와 후회 및 소원이 좌절되어서 나오는 결과가 동일한 결론으로 간다는 것을 보여 주는 것입니다. 나에게서 두 개가 경험될 수는 없지 않습니까. 그래서 우리는 다른 사람에게서 교훈을 받아야 합니다.

김관성 인간이 역사를 통해서 배우는 유일한 사실은, 역사를 통해서 아무것도 배우지 못한다는 점이라고 하지요. 여러 목사님들과 교제할 기회를 가질 때마다 저는 깜짝 놀랍니다. 목사님들 중에 행복한 사람이 생각보다 많지 않았습니다. 다들 죽겠다고 하십니다. 시간이 지나면 지날수록 더 어렵고 괴롭다고 하소연들 하십니다. 제가 아직 젊어서이겠지요. 다들 한 번씩 쓰러져서 병원에 입원하신 패턴도 비슷합니다. 그런데 그 이야기들을 듣고 나면 저도 속으로 '한 번쯤 쓰러져 봐야 하는데' 생각하며 웃습니다.

박영선 자기에게 아직 준비되지 않은 자리에 가는 것이 가장 큰 벌입니다. 그 자리의 역할을 누릴 수 없기 때문입니다. 하나님이 나에게 좋지 않은 자리에 앉히신 것은 좋지 않은 자리의 조건 속에서 만드시는 일입니다. 거기서 좋은 조건을 주셔서 좋은 자리에 앉히신 것과 똑같은 것을 만드실 수 있다고 가르치시는 것입니다. 지금 여기에서 저기를 가려면, 다만 여기와 저기가 구별된 조건과 지위가 아니라 연결된 과정을 통과하여 간 자리여야 합니다. 여기서 저기는 건너뛰거나 승진하여 얻는 자리가 아니라, 여기에서부터 자라고 쌓여서 만들어지는 저기입니다. 도달한 것이기보다 여기서 만들어낸 셈이 됩니다.

김관성 하나님 앞에서 인간은 부인하고 저버릴 것이 많은 존재인 것 같습니다. 그렇다면 인간의 가치 중에 지키고 보존해야 할 최고의 가치가 있을까요?

박영선 많습니다. 열심히 일하는 것도, 자유도 큰 가치입니다. 그러나 하나님을 아는 것만큼 위대한 가치는 없습니다. 하나님이 우리를 버리시면 어떻게 합니까? 요나가 이 질문에 답을 했지 않습니까. "내가 주의 목전에서 쫓겨났을지라도 다시 주의 성전을 바라보겠다"(욘 2:4).
인간의 최고의 가치는 하나님을 아는 지식입니다. 구원을 얻으려고 예수 믿는다는 것은 매우 깊고 심오한 것입니다. 하나님을 안다는 것은 보상을 못 받아도 좋다는 겁니다. 신앙관계를 이해관계로 전환해서 그에 대한 보상을 보이는 것과 작은 것으로 삼게 되어 교회의 가치, 신앙의 가치가 무너진 것입니다.

인간의 최고의 가치는 하나님을 아는 지식입니다.
구원을 얻으려고 예수 믿는다는 것은 매우 깊고 심오한 것입니다.

02
하나님을 향한 믿음 위에 서야 합니다

김관성 기독교 신앙에서 믿음을 어떻게 정의할 수 있을까요?

박영선 믿음이란 우리가 아는 모든 법칙과 이해와 경험과 사실보다 더 큰 의지가 있음을 인정하는 태도입니다. 쉽게 말하면 우리가 알고 있는 것 말고도 다른 방법이 있다는 것입니다.
잘하는 사람이 이기고 못하는 사람은 망하는 게 맞지 않습니까. 옳은 것을 분별하고, 게으르지 말고, 능력을 갖추고, 능력이 없다면 밑져야 하는 게 세상의 원칙과 질서입니다. 그런데 믿음은 그보다 더 큰 게 있다고 말합니다. 이 모든 원리를 감싸 안는 더 큰 이치가 있다는 것이지요.

예를 들어 축구를 하려면 축구장이 있어야 합니다. 그 축구장은 어떤 도시 속에 자리잡고 있고, 그 도시는 어떤 나라에 속해 있겠죠.

하나님을 믿는다고 하는 것은 자신이 아는 방법과 기대와 능력보다 더 큰 분이 있음을 인정하는 것입니다. 여기서 '크다'란 양적이나 질적인 크기가 아니라, 성경에서 말하는 대로 긍휼과 은혜를 베푸시고, 역전과 반전의 기적을 일으키실 수 있는 능력에서 큰 의지를 말합니다. 믿음은 우리가 그것을 아는 것입니다. 사실 안다고 하는 것도 적합한 표현은 아닙니다. 우리가 알고 모르고의 문제가 아닙니다. 우리가 모른다 해도 믿음은 있습니다. 우리가 몰라도 하나님이 계시듯이 말입니다.

김관성 우리가 몰라도 믿음이 있을 수 있다고 하셨는데요, 우리가 모르는데 어떻게 믿음이 성립할 수 있습니까?

박영선 믿음이라고 이야기하면 언제나 "한 사람이 절실하게 진실하게 해야 하는 행위다"라는 어떤 정의에 묶입니다. 사실 믿음은 그것보다 큽니다. 믿음은 하나님의 크기, 창조물에 대한 의지, 목적을 이루시는 능력, 내용을 채우시는 기적을 말합니다. 하나님이 계시고, 구원이 이미 이루어졌지 않습니까. 예수님이 우리를 구원하기 위해 죽으셨고 부활하셨지 않습니까. 이미 과거인 것입니다. 다 지난 일이라는 것입니다. 우리의 결정에 의해서 결과가 나오는 것이 아니고, 하나님이 이미 해 버리신 일인 것입니다. 하나님이 이미 계시고 창조하셨고, 우리는 죄를 지었고, 그 속에 우리가 있다는 것을 알게 되면 그것이 일어나는 게 아니고, 이미 그 속에서 하나님이 무엇을 하고 계셨던 것입니다. 지나고 보니 이미 다 일어난 일이었던 것입니다. 그 속에서 모르고 살았던 것입니다.

눈앞에 보이는 것이 전부인 줄로만 알고 살다가 기껏해야 사춘기에 이르러서 "인생이 이게 무엇인가?", "나는 무엇인가?" 하고 믿음의 첫 도전을 받습니다. "나는 무엇인가?"라는 철학적 질문 앞에 서는 것입니다. 모든 문학 작품의 질문이 다 그것입니다. "너는 누구인가?", "인생이 무엇인가?" 하고 묻는 게 문학인 것입니다. 그러나 문학은 답이 없습니다. 철학도 답이 없습니다. 그저 진지하게 물을 뿐이지요. 그것이 가장 큰 질문인 줄 아는 것입니다. 그러니까 세상에서는 진지함이 그냥 답인 것입니다. 사회적인 봉사를 하든지, 오지를 탐험하듯이 어떤 신념에 잡히든지, 아니면 유익한 사람이 되든지 하는 게 다이지요.

그런데 예수를 믿고 나서 보면, 인생의 유일한 답이라는 것이 하나님을 알고, 하나님의 사랑과 목적의 대상이 되었다는 것을 알고, 하나님의 채우심을 가지는 것임을 깨닫게 됩니다. 그것이 인생의 가치이고 운명임을 알게 되지요. 그것은 다른 것으로 설명할 수가 없습니다. 학력, 능력, 노력, 어떤 최고의 가치를 지닌 단어들로도 설명이 안 됩니다. 그것이 믿음인 것입니다. 믿음이란 우리의 선택과 조건보다 우선하는 하나님의 거룩하심인 것입니다. 거룩하심이란 말을 그렇게 씁니다. 도덕적 표현으로 제한할 수 없습니다.

김관성 2015년은 남포교회 사역 30주년을 맞는 특별한 해였습니다. 목사님의 신년 설교가 여전히 기억나는데요. 믿음이 무엇인지, 예수 믿는 게 뭔지 잘 생각하며 살라는 말씀이었습니다. 사역 30주년을 기념하는 첫 설교에서 믿음을 얘기하신 의도가 있으셨나요?

박영선 믿음은 아무리 말해도 모자란 것 같습니다. 이해에 있어서나 경험에 있어서나 아무리 설명해도 모자라는 것 같아요. 대부분은 별수 없이 어떤 덕목이나 유익으로 제한을 합니다. 믿음이란 하나님의 어떠하심에 근거한 것이므로, 그중에 일부를 경험했다면 그것이 아무리 귀해도 일부라는 것을 알고 더욱 겸손해져야 하는데, 우리는 자신이 생각하는 믿음이 어떻다는 것을 분명히 하기 위해 자꾸 경계를 차단합니다. 넓힐 줄을 모르고 말이지요.
예를 들어 무지한 것도 굉장히 큰 복입니다. 무지하면 모두에게 관용적인 동시에 아무 말도 듣지 않습니다. 고집스런 충성이 되지요. 그것은 대단한 복입니다.

"어떤 믿음을 가져야 하는가?" 이 질문은 믿음의 대상에 관한 것입니다. 그렇다면 그 대상은 누구일까요? 그 대상이 이해관계의 대상이면 그 한계로 제한됩니다. 그러나 하나님은 그 모든 대상과 다르십니다. 다른 대상은 자기를 채울 힘이 없습니다. 남에게 줄 힘은 더더욱 없지요. 우리의 이해관계는 최소한의 도움을 위해서, 또는 어떤 필요나 조건에 의해서 묶여 있습니다. 그러나 하나님은 창조주이십니다. 가치를 만드시는 분이고, 그것을 우리에게 주기를 기뻐하시는 분입니다. 그것은 무엇과도 비교할 수 없는 또 다른 조건인 것입니다.

우리가 좋은 경치를 보면 감동을 받는데, 경치가 감상의 대상이 아니라 의지를 가지고 어떤 가치를 만들기 위해 우리를 감싸 안는다고 생각해 보십시오. 노래를 듣고 경치를 보는 것보다 훨씬 큰, 하나의 가치가 전달되는 것이 아니라 가치를 친히 만드실 수 있는 분이 창조의 하나님이십니다. 그분은 예수를 죽음 가운데 살리신 부활의 하나님이십니다. 없는 데서 가치를 만드시며 모든 절망과 실패를 역전시키실 수 있다는 말입니다. 우리가 가질 수 없는, 누릴 수 없는 것을 주신다니 정말 굉장한 것입니다.

김관성 그렇다면 '하나님의 믿음'이라는 개념도 성립이 가능한 것인가요?

박영선 하나님의 믿음이란 무엇일까요? 창조주요 구원자이신 하나님은 거룩한 분이십니다. 성경에 등장하는 하나님은 언제나 성품적으로 묘사됩니다. 자비롭고 은혜롭고 노하기를 더디 하시고 인자와 자비가 풍성하신 하나님, 질투하시는 하나님, 복 주시는 하나님, 약속을 지키는 신실하신 하나님. 이런 것들이야말로 하나님이 우리가 알고 있는 조건, 상황, 이해와 같은 제약 너머에 있는 분이시라는 사실을 시사하고 있습니다. 우리는 어떤 조건을 세워 하나님을 불러들이고 그게 채워지면 만족하려 합니다. "이것만 해 주시면 됩니다" 식의 신앙입니다.

하나님의 믿음이란 어떤 하나의 영역이나 이해에 머무르는 것이 아니라, 거기에 '신적'이란 이름을 붙이면 되는 것이 아니라 그 모든 존재와 경우를 가지고 창조된 세계를 충만케 하시고 영광되게 하시겠다는 하나님의 의지와 구체성을 말하는 것입니다. 우리는 그것을 성경 말씀과 신앙생활을 통해 상상력을 발휘할 수 있게 됩니다.

김관성 하나님을 믿고 사랑하라는 것은 자주 듣고 쓰는 말이지만, 우리를 향한 '하나님의 믿음과 사랑'이란 개념은 굉장히 생경합니다.

박영선 당연합니다. 하나님은 우리를 믿지 않으십니다. 의심하신다는 뜻이 아니라 우리를 믿을 필요가 없으시다는 의미입니다. 우리가 하나님을 믿어야 하지요. 하나님은 신실하십니다. 반석 같은 분이십니다. 우리는 그 위에 서야 합니다. 우리가 바위를 들고 있어야 하는 것이 아니잖아요. 우리가 하나님을 믿어야지 하나님이 우리를 믿으시는 것이 아닙니다. 우리를 사랑하시는 것입니다. 대등한 관계로 사랑과 믿음을 가진다는 것은 인격 대 인격으로 만나 주시겠다는 뜻이지, 누가 전제이고 근거인가는 확연히 다른 것입니다. 존재론적으로는 확연히 다른 것입니다. 한쪽은 창조주이시고, 다른 한쪽은 피조물이기 때문입니다. 그러나 관계에서는 대등하시겠다는 것입니다. 그러니 우리에게 믿음을 요구하시고 사랑을 요구하신다는 것입니다.

김관성 믿음은 우리가 주동적으로 갖는 게 아니라 하나님이 하신 일을 보고, 즉 성경의 말씀에 따라 믿음을 가지고 상상력을 발휘하는 것이라고 하셨는데요, 구체적으로 설명해 주십시오.

박영선 살아 있는 동안에 우리 주변에서 일어나는 일은 현실이고 사실입니다. 그러나 보이는 것이 전부가 아니더라고요. 보석 상자에 보석이 담긴 것은 하나도 놀랍지 않습니다. 시금치나 배추를 신문지에 싸서 가면 아무도 놀라지 않지요. 아무도 배추나 시금치를 신문지에 쌌다고 뭐라고 하지 않습니다. 그것을 보석 상자에 넣지는 않습니다. 그러나 배추가 보석만 못하다고 말하는 바보는 없습니다. 우리는 우리의 일상을 보석 상자에 담고 싶은데 신문지에 싸여 있지요.

보석 상자에 싸인 사람들을 보면, 그들은 늘 그 안에 갇혀 있다가 1년에 한 번쯤 나오더군요. (웃음) 우리에게는 신문이 매일 옵니다. 내일이 되면 폐지가 되지요. 신문지같이 유용한 것은 없습니다. 언제나 버려도 되고, 제일 쉽게 쓸 수 있는 것이지요. 불을 붙일 때 쓰고, 무엇인가 쌀 때도 쓰지요. 거기에 예수가 실리는 것입니다. 상상력을 발휘해야 한다는 것은 이것은 신문지이고, 이것은 보석으로 나눠서 보는 것이 아닙니다. 상상력을 발휘하는 것은 일상 속에서 늘 보는 일들 속에도 얼마나 많은 역설과 반전이 담겨 있는지를 보라는 것입니다. 역설과 반전이 있다는 것은 세상이 자체 원리로 돌아가는 것이 아니라 인격을 가진 주인이 있다는 뜻입니다.

김관성 하나님을 향한 믿음을 포기하지 않는다는 것을 기본 전제로 해서, 인생의 고통스럽고 막막한 경험 때문에 하나님을 향해 원망과 분노를 쏟아 놓는 것도 믿음의 한 측면으로 간주할 수 있을까요?

박영선 믿음은 인간이 자신의 능력보다 큰 대상을 요구하는 것이지요. 잘못된 믿음, 실패하는 믿음은 다 자기의 기대와 상상력 안에 가두어 조작이 가능한 신을 만드는 것입니다. 성경에서 하나님을 만나면 우리의 상상력과 비교할 수 없는 상상력을 갖고 계신 것 같습니다. 그것을 상상력이라고 해서는 안 되고 '창조', '섭리', '목적'이라고 해야겠지요. 그러므로 믿음을 가진다는 것은 나의 상상력과 기대를 넘는 기회와 선택으로 특권적인 것입니다. 믿음이 상상력과 물려 있기 때문이지요.

그러니 믿음을 생각할 때는 자신의 상상력과 기대, 보상을 넘어 보이는 세계와 가치를 넘어서야 합니다.

그것을 하나님은 예수님의 죽음으로 인간의 가치와 정체성을 확인시켜 주셨습니다. 내가 살아 있다는 것, 가능성의 정도가 아니라 하나님의 목적에 내가 있다는 것을 예수님의 죽음으로 증명하신 것이지요. 그 가치는 무한한 것입니다. 우리의 신분과 정체성이 하나님의 목적과 관심 속에 있기 때문이지요.

그래서 믿음은 이 지위와 정체성을 우리보고 결정하라고 하십니다. 존재할 것인가를 결정하는 것이 아니라 내 존재가 가지는 모든 선택, 경우를 말입니다. 다시 말해 긍정적으로는 내가 선택하고 모험하는 것이고, 소극적으로는 당하는 현실인 것이지요. 그것이 하나님이 나에게 주신 기회이고, 나를 통해 무엇을 하시는 기적이라는 것입니다.

이런 말들은 서재에 앉아서 나누는 추상적인 개념이 아니고 모든 실존인들이 현실에서 당하고 있는 것입니다. 세상은 억울하고 고통스럽고 경쟁과 공포 속에 있습니다. 그러나 우리 신앙인들은 하나님의 이 큰 약속 안에 있는 것입니다. 둘 다 정황은 같습니다. 세상 사람들과 신앙인들 모두 동일한 시대와 그 시대의 치열한 도전 속에서 살지요. 그런데 예수를 믿는다는 이름으로 신앙을 동원해서 이 정황을 개선하는 것이 신앙생활의 목적이 아닙니다.

신앙을 각자의 삶을 보이는 정황이나 환경, 또는 조건과 지위를 바꾸는 데 사용하지 말고, 그것으로 일하시는 하나님을 믿음으로써 누려야 하는데, 그 누림이 환호로 나오지 않고 비명으로 날아옵니다. 제대로 된 신앙을 가지고 있지 않으면 정황만으로 원망이고 분노입니다.

사회 정황이 이렇게 돌아가는 것은 세상만 그렇습니다. 세상은 권력으로 정의와 평화를 만들어야 혜택을 받을 수 있습니다. 사회 정의라는 것은 권력만이 할 수 있다는 것이지요. 그러나 신앙인들은 이미 정의와 평화 안에 들어와 있기 때문에, 하나님의 거룩하심 안에 들어와 있기 때문에 불합리한 사회 속을 억울하게 기꺼이 감수할 수 있는 것입니다.

김관성 목사님이 지속적으로 설명해 주고 계시는 이 믿음에 대한 인식들이 한국 교회 안에서는 제대로 정착되지 않았다고 봅니다. 믿음에 대한 이해가 아쉽거나 부족해서 생겨난 교회 내의 문제점을 해결하려면 어떻게 해야 할까요?

박영선 기독교에 대한 이해와 신앙생활이 갖는 성경적 이해가 그 분별에서, 그 실력에서 한 걸음 더 나아가야 됩니다. 믿음에 대해서 이야기한 것같이, 우리는 자기의 실존, 현실이 얼마나 굉장한 조건 속에서 주어지는 것인지를 쉽게 놓치게 됩니다. 단순 비교, 고통을 면하는 것 외에는 아무런 소원이 없게 되는 것이지요.
제가 신년 설교 때 전한 말씀의 요지는 "할 수 있는 만큼만 하십시오. 괜찮습니다"였습니다. 언제나 옳고 유능하려고 하지 마십시오. 우리가 잘못한 것에서도 하나님은 무언가를 하십니다. 겸손은 배워서 느는 것입니다. 자기가 얼마나 못났는지를 평생 경험해야 겸손이 생기는 것이지요. 그렇다면 겸손은 누구에게나 생기는 것일까요? 그렇지 않습니다. 오직 하나님의 백성에게만 생기는 것입니다. 실패가 겸손을 만드는 것이 아닙니다. 실패에다 겸손이라는 결과를 만들어 내시는 창조자가 바로 하나님이신 것입니다. 세상 사람들은 겸손해야 한다는 것을 평생에 걸쳐 유학(儒學)을 통해 배워도 겸손하지 않습니다. 온갖 옳은 말을 하며 표독스럽게 굴지요. 한국 유교의 무서움은 그 옳은 사람들이 제일 무섭다는 것입니다. 그들은 따뜻하지 않습니다. 옳은 사람은 무서운 대상입니다. 한국 교회의 가장 큰 부작용 중 하나는 예수를 믿는 게 무섭다는 것입니다. 교회 안의 신앙 좋은 사람은 대부분 무섭고 아량이 없습니다.

김관성 제가 어릴 때만 해도 목사님과 장로님들은 아주 무서운 분들로 통했습니다.

박영선 그렇게밖에는 확인할 방법이 없었기 때문입니다. 그들이 방향을 잡을 모범과 증거가 가난했었을 것입니다. 방향을 확인할 방법이 단순하고 분명한 만큼 내용을 실어내는 것은 상대적으로 부족한 시대였다고 생각합니다.
우이동에 있는 백운대라는 곳을 아십니까? 잠실에서 백운대는 북쪽에 있지만 의정부에서는 남쪽에 있습니다. 우리는 백운대를 갈 때 "북쪽으로 가야 한다", "남쪽으로 가야 한다" 가지고 싸웁니다. "백운대를 가자" 이렇게 이야기할 실력이 없는 것이지요. 율법주의화되기도 하고, 명분화되기도 하고, 성공 시대에는 그것이 무엇을 돕는 것이나 전도하는 것으로 대체되어서 정확히 어디로 가는지도 모르고 "북쪽으로 가자", "남쪽으로 가자", 서로 "가자"가 되어 버렸습니다.

김관성 오늘날 기독교 신앙이 선동적인 구호와 외침으로 내용을 채우고 있는 것 같아 안타깝습니다. 큰 소리는 나는데 실체를 확인할 수 없어서 문제 같습니다. 과연 기독교 신앙은 세상을 살아

가는 데 진정한 힘과 능력을 제공한다고 보십니까?

박영선 우리는 신앙이 실제적이라는 점을 가르쳐야 합니다. 추상명사가 되어서는 안 됩니다. 우리의 하루는 잠자리에 드는 것으로 끝이 납니다. 다른 말로 하면, 내일 어떤 일이 일어날지 모른다는 뜻입니다. 보통은 반복적이지만, 사실은 사고가 나는 것이 내일이지 않습니까. 그 전날 하나님이 나를 재우십니다. 자는 것은 반쯤 죽은 것이나 다름없습니다.

그렇게 자고 아침에 눈을 뜨는데, 그날에 대한 아무런 준비도, 예고도 없이 눈을 뜨고 그날을 당하는 것입니다. 하나님이 도전하시는 것입니다. 그날이 되어야 오늘의 도전이 옵니다. 그러니까 허둥지둥하게 되는 것이지요. 하나님이 만드신 최고의 방법인 것입니다.

하나님이 지혜이시고, 하나님이 능력이십니다. 그래서 대부분의 경우를 보면 문제가 해결되는 것이 아니라 사람이 큽니다. 군대 갔다 오면 어른이 됩니다. 탁 집어서 무엇을 배웠다고 할 것이 없고, 사람이 실력이 붙는 것이지요.

노르망디 상륙 작전 당시 1944년 6월, 미군이 해안에 와서 상륙 부대를 쏟아놓고 갔습니다. 그 앞에는 독일군의 방어벽이 10미터 높이로 쭉 있었습니다. 해안에는 아무 은폐물이 없는데 그냥 쏟아놓고 갈 뿐이었습니다. 그럼 어떻게 되겠습니까? 다 죽는 것입니다. 그렇게 시체가 쌓이고, 그 시체 뒤에 엎드립니다. 결국 수로 이기는 것입니다. 상륙 작전이란 그런 것입니다. 적의 총알보다 더 많은 사람이 죽어서 이기는 것이지요.

옆에서 다 죽어 가는데, 그 가운데 살아남은 사람이 이렇게 진술했습니다. "나는 그때 열아홉이었습니다." 아, 가슴이 아픕니다. 평균 연령이 열아홉인 것입니다. 무엇을 알고 왔겠습니까? 무슨 정의와 평화를 알고, 무슨 민주주의와 나치즘을 알고 왔겠습니까? 그냥 가라니까 온 것이지요. 그는 이어서 이렇게 말했습니다. "그날 나는 어른이 되었습니다." 그렇습니다. 어른이 되는 것입니다. 승리를 하는 것이 아니라 어른이 되는 것입니다.

전쟁을 치르고 난 이후에 미군들이 독일군들에게 화를 많이 냈습니다. 독일군 포로들에게 못할 짓도 많이 했습니다. 미국 드라마 〈밴드 오브 브라더스〉에 보면 미군들이 독일 포로들을 때리면서 "왜 그랬어. 이렇게 될 것을 왜 그랬어!" 하는 장면이 나옵니다. 그 독일군은 이렇게 될 줄 알고 그랬을까요? 히틀러가 시키니까 했던 것이겠지요. 그럼 히틀러는 왜 했을까요? 독일에 살 방법이 없었기 때문입니다. 독일은 몰리고 살아남을 방법이 없었지요. 무엇인가 꿈틀해야 했던 것입니다. 그래서 모든 국방 비용을 쏟아부은 것입니다. 히틀러가 만약 소련과만 싸우지 않았다면 유럽을 다 차지했을 수도 있습니다. 그런데 왜 소련을 건드렸을까요? 바로 그것이 신비인 것이지요.

어느 나라나 그렇듯이 종전 후에는 자기 나라가 잘났다는 소리를 한동안 합니다. 영웅담을 이야기하고, 자기네 이데올로기를 이야기하고, 국민의 우월성을 이야기합니다. 또 지나고 나면 다르게도 봅니다. "적군의 입장에서도 그럴 수밖에 없었다", "인간이란 무엇인가?", "결국 그것은 본질적으로 이것이 아닌가?"라고도 합니다. 참 희한한 일이지요. 저는 그것이 하나님이 일하고 계신다는 뜻으로 보입니다.

03
하나님 없는 것이 죄입니다

김관성 한국에서 죄가 무엇인지 가장 정확히 설명하실 수 있는 분이 박영선 목사님이라고 들었습니다. (웃음) 죄는 무엇입니까? 설명을 듣고 싶습니다.

박영선 우리는 예수를 믿기 때문에 기독교에서 정의하는 죄에 대한 죄책이 있기보다 훨씬 보편적인 죄책이 있습니다. 윤리와 도덕 면에서 말이지요. 우리의 회개를 보면 진실하지 않고 열심히 살지 않은 것까지도 대단히 자책을 합니다. 옳고 그른 이야기는 관두고 100퍼센트 진실하지 않은 모든 것이 죄라고 자책하지요.

그런데 성경에서 말하는 죄는 단 하나입니다. '하나님 없음', '하나님 거부', '하나님 부정' 그것이 죄입니다. '하나님 없음'이라는 말이 사실 굉장히 어렵습니다. 이것이 왜 어려운지 봅시다.
하나님이 없는 것은 생명의 근원에서 분리되어 있는 것입니다. 생명을 공급하시는 분과 분리되어 있는 것이지요. 생명을 주실 뿐만 아니라 그 생명을 계속 유지하시고 성장시키시고 채우시는 분과 단절되어 있으니까 시간이 흐르면 흐를수록 마르고 부패하고 소진될 수밖에 없습니다. 그것이 죄입니다.
단절되어 있으니까 당연히 부패가 들어옵니다. 있는 것이 그냥 썩습니다. 앞에서 이야기한 것처럼 "진실되게 못 살았습니다" 말하고, 그렇게 이해한다는 뜻입니다. 자기가 부패하고 있는 것에 대해서 도덕적이기 이전에 무엇인가 진지합니다. 물이 있어야 빨래를 하는데, 자기가 뭔가 이상한 것을 느끼는 것입니다. "빨래를 못 했습니다", "목욕을 못 했습니다"라고 느낍니다. 우리는 목욕을 못 한 것을 자기가 해야 할 일을 하지 않은 것으로 인식하는데, 사실은 물이 없는 것입니다. 그것이 죄인 것입니다.
우리 생명을 공급하고, 유지하고, 계속 보충해 주는 것과 끊어져 있으면 자신이 그 단절과 부족에 대해서 근원적 이유는 생각지 못하고 그 현상만으로 자책하고 잘못했다고 느끼는 것 외에는 다른 수가 없습니다. 그래서 한국 교회의 공적 예배 기도 때 어디든 이 자책이 등장합니다. "지난 한 주일 동안 신앙생활을 잘 못했습니다"라는 말이 계속 반복적으로 나옵니다. 우리 때도 그러했고 지금도 그렇습니다.

죄란 생명이 공급되지 않는 상태라는 것을 알아야 합니다. 그런데 무슨 수로도 생명을 만들고 유지할 수 없으니까 본인의 자책과 회개, 진지한 반성으로 문제가 해결되기를 바랍니다.

김관성 한국 교회에서는 죄를 도덕적이고 윤리적인 부족함으로 이해하는 경향이 있습니다. 이 이해는 기독교가 말하는 죄성과는 다른지, 다르다면 무엇이 다른 것인지에 대해 말씀해 주세요.

박영선 한국 사회에서 죄는 윤리입니다. 윤리와 도덕을 기준으로 한 죄입니다. 성경이 말하는 죄는 '하나님 없음', '하나님 부재'를 가리킵니다. 하나님이 없으면 창조된 모든 존재가 생명의 공급을 받지 못합니다. 현상적으로 유지되지를 않습니다. 그러니까 우리가 보통 하는 일은 도덕적 기준에서 부패와 오염을 통해 더러워지고 생명이 말라 버립니다. 쓰레기는 생명이 끝난 것이지요. 나뭇가지가 잘려 나가서 말라 버린 것입니다. 잘못한 것이 아니라 본질상, 존재론상 하나님에 의해서 생명이 주어지고 존재가 주어지는데, 그것을 유지하고 채우는 것이 안 되는 것입니다.

그래서 하나님 없는 것이 죄입니다. 하나님이 없으면 분노밖에 할 것이 없습니다. 인간 세상은 분노밖에 할 것이 없고, 보복할 수밖에 없습니다. 악할 수밖에 없습니다. 모든 악한 것은 썩는 것입니다. 그러니까 "저 사람은 나쁜 놈이야"라고 하는 것은 세상식의 표현이고, 성경적으로는 '망하는 자'입니다.

세상은 하나님 없이 고치라고 합니다. '고치라'라는 말속에는 회개나 은혜 같은 단어를 담지 못합니다. '고치라'라는 개념 속에는 하나님과 상관없이 잘할 수 있고 못할 수 있다는, 기준이 다른 것이 들어와 있는 것입니다. 착하게 놀 수 있고 못되게 놀 수 있습니다. 하나님이 없으면 다 못되게 굽니다. 못되게 굴면 남에게 해를 끼치기도 하고, 스스로 소멸되기도 합니다. 그것이 당연한 것이고, 또 그것에 굴복합니다. 그것은 설득해서 고치지 못합니다.

세상은 전체가 살기 위해 법을 만들었습니다. 법이 도덕과 다른 점은 권력으로 강제한다는 점입니다. 강요가 아니라 강제하는 것이지요. 그래야 공멸과 즉멸을 면하고 사회를 유지할 수 있기 때문입니다. 인생과 역사는 하나님이 없으면 뭐든지 다 썩게 되어 있습니다. 저놈이 나쁜 놈이라서가 아니라 하나님이 없으면 모든 가치가 형성되지를 않습니다. 성경적으로 그렇게 되어 있습니다. 예수님은 "내가 곧 길이요 진리요 생명이니"(요 14:6)라고 말씀하셨습니다. 길이요 진리요 생명은 개념이 아니라 인격을 뜻합니다. 왜냐하면 하나님만이 그것을 만든 주인이 되시기 때문이지요. 하나님만 주실 수 있습니다. 상수도와 전기가 끊어져도 하나님과 끊임없이 생명의 근원이 연결되어 있으면 되는 것입니다. 예전에는 종종 전기가 끊어지곤 했습니다. 전기가 끊어진 냉장고 속에 넣어둔 생선은 썩게 되어 있습니다. 냉장고가 잘못이 아닙니다. 전기가 안 들어왔기 때문이지요.
하나님과 단절된 것은 이렇게 다 썩을 수밖에 없습니다. 근원적인 것을 감각으로 느끼지 못하기 때문이지요. 이해는 둘째 치고 감각 없는 자가 된 것입니다. 죄인인 우리를 비유할 때 등장하는 최고의 저주의 병은 나병입니다. 감각이 없습니다. 인생이 고달프다고 느끼면 그것이 은혜입니다. 그 자체가 은혜예요.

김관성 그 이유가 무엇입니까?

박영선 감각이 와야 고칠 수 있기 때문입니다. 감각이 오면 그 고통을 해결하기 위해 발버둥 치는데 세상은 그 아픔을 체념하게 만들고, 더 이상 추적하지 못하게 만듭니다.
죄, 즉 '하나님 없음'은 의지를 가지고 우리에게 덤벼듭니다. 참 어려운 일이지요. 인생을 살아 보면 서서히 망하게 만드는 것이 아니라 괴롭히고 걸고넘어지고 끈질기게 도망가는 곳곳마다 의지를 가지고 덤벼듭니다. 그것을 해결하는 것이 답이 아니라는 것이 아니라, 그것이 근원적인 문제라는 뜻입니다. 그것을 해결할 수 없다는 것을 아는 것과 하나님이 찾아오시는 것이 중간에 교차합니다.

우리는 하나님을 만나고 예수 안에서 답을 봅니다. 사진을 보듯이 답을 봅니다. 그런데 현실이 안 됩니다. 거기서 헤매는 것이지요. 감동하고 회개하고 각오하는데, 현실은 아닌 것입니다. 이쪽이 더 세력이 큽니다. 그러니까 왔다가 무너졌다가 결국 어디에서 이깁니까? 세상이 거짓말이라는 것을 알게 됩니다. 세상이 제시하는 답은 근본적인 답이 아니라는 것을 차츰 알게 되지요. 망하는 것에서 알게 됩니다. 이겨 봐야 답이 아니고 거짓말이라는 것을 알게 되는 것입니다.

사람들은 성령이 충만해서 믿는 줄 압니다. 성령이 충만한 것 중에 하나는 성경의 증거가 "거짓말이라도 좋다"는 의지가 생기는 것입니다. 이것은 이미 은혜를 받은 것입니다. 예수님이 죽어도 좋다고 하신 말씀과 동일한 은혜인 것입니다.

김관성 이와는 좀 다른 경우일 듯한데, 저는 종아리를 때리는 목사님이 계시다는 얘기를 듣고 놀란 적이 있습니다. 십일조를 안 하거나 교회가 제시한 기준에 맞지 않는 일을 하면 종아리를 때리신다고 합니다. 그런데 매를 맞으려고 줄을 서는 사람이 많다고 해서 더 놀랐습니다. 한 대 맞는 것도 영광이라고 한답니다. 어떻게 이해해야 할지 저로서는 당황스러웠습니다.

박영선 면죄부입니다. 스스로 면책하는 것이지요. 가톨릭에서는 고해성사를 하면 징계를 합니다. "당신은 한 달 동안 교회 앞마당을 쓰시오." "새벽기도 몇 개월 하시오." 그러면 쉽습니다. 그러면 면책이 되는 것입니다. 더 깊이 들어오는 것을 막을 수 있습니다. 저희 어렸을 때는 성수주일을 해야 한다는 것을 다 아니까 그것을 강화했습니다. 시대와 같이 가는 것입니다. 교회가 경험이 있어야 단어를 만들고, 그 단어가 개념화되고 문장화되어야 텍스트를 담아낼 수가 있습니다. 한국 교회는 지금 그 과정에 있습니다. 만약 그 단어가 '교회'라고 한다면 예수 믿고, 구원받고, 회개하고, 헌신하고, 감동하고, 기쁘고, 이런 단어들만 있는 것은 경험이 그것밖에 없기 때문입니다. 그것으로 되지 않는 경우 의심, 불안, 반복되는 실패, 고뇌라는 단어가 추가될 수 있겠지요.

요새 만들어진 단어는 이렇습니다. '내 영혼의 깊은 밤.' 예수 잘 믿는데 이상하게 불안과 침체 속에 있는 것이지요. 그런 단어들이 나와야 우리 인생 속에 하나님의 창조의 완성에 대한 이해의 폭이 더 넓어지고 깊어지는 것입니다. 인생은 시간을 보내는 것이 아닙니다. 천국 가는 시간을 보내는 것이 아니라 완성을 향한 구체적인 과정인 거예요. 거기서 단순한 상벌로 신앙을 쉽게 안심시키는 차원을 넘어서야 합니다.

김관성 눈물을 흘리며 쏟아 놓는 회개와 죄의 책임을 면피하기 위한 발버둥을 구별하기가 쉽지 않겠습니다. 눈물 흘리며 간절히 참

회하는 모습은 교회에서는 굉장히 인정받는 태도이기도 한데요. 이게 만약 신앙의 열매를 맺는 데 부정적이라면 이 단계에서 어떻게 교정해 나갈 수 있습니까?

박영선 과정으로는 써야 합니다. 틀을 만들어 주어야 하지요. 실제 내용을 채워야 합니다. 그 내용이 개념이나 기대, 소망뿐 아니라 자신의 실체여야 하지요. 실체에서 가장 중요한 것이 현실입니다. 현실은 매일 도전을 합니다. 우리가 하루에 얼마나 많은 결정을 합니까? "어떻게 할래?" 이것이 현실입니다. 그러나 자기가 소원하는 답을 보통은 만나지 못하게 됩니다. 그러니까 말로 할 때만 소원이 지극한 것입니다. 자기는 좋은 사람이라고 우기는 것이지요.

실제 하루를 승리하는 사람은 없습니다. 우리는 하루를 통해서 내가 어디까지 왔는지 볼 수 있는 것뿐입니다. 고민한 것도 한 걸음 나간 것입니다. 기도한 것도 한 걸음 나간 것이지요. 그런데 완벽한 이야기를 함으로써 실제로는 하나도 바뀌는 것이 없고, 자기가 한 실패를 유익으로 삼지도 못하는 것입니다. 진심과 열심이 실상을 가리고 스스로를 안심시키는 것이 되어선 안됩니다.

우리 시대에는 40일 금식 기도가 굉장히 중요한 것이었습니다. 명함에도 써서 다녔지요. 지인 중에 40일 금식 기도 하러 갔다가 이틀 남기고 나온 친구가 있습니다. 그 친구가 기도원에 들어갔다가

2주가 지나니까 못 살겠더라고 합니다. 그래서 낮에 살짝 도망을 나와서 마을에 내려가 사탕을 한 봉지 사서 하나 까먹었는데 눈에서 빛이 났다고 합니다. 두 알 먹고 나니 죄책감이 들어 숲속에 집어던지고 다시 들어갔답니다. 그런데 며칠 있다가 다시 사탕을 찾으러 나왔더니 없었다고 합니다. 다 떠들고 들어갔으니 나올 수도 없어 전전긍긍하고 있는데, 나라 전체에 돌발상황이 일어났습니다. 1984년 이웅평씨가 미그기를 몰고 귀순한 사건입니다. "실제 상황입니다. 집으로 들어가십시오" 하는 안내가 계속 나와 할렐루야를 부르고 내려왔다고 합니다.

얼마나 멋진 고백입니까? 그 친구는 이 고백을 자신의 한계와 또한 어떤 자랑으로든 40일 금식을 해낸 사람들에 대한 감탄으로 삼았습니다. 중요한 것은, 그 실패를 어떻게 유익으로 삼느냐, 하나님이 어떻게 우리를 도우시느냐입니다. 내가 몸부림을 치고, 내가 우는 자리에 하나님이 오셔서 나에게 "계속 가자" 하시는 것을 충분히 이해하는 것밖에 없습니다.

위인과 영웅을 들먹이고 성공과 완벽을 논하는 것은 대부분 실제적으로 오늘을 사는 데서 다 도망가는 것입니다. 자기 실력에서 도망가는 것이지요.

하나님이 우리보고 오늘 하루를 견디라고 하시는 것입니다. 시간이 지나갑니다. 내가 이 시간을 지나가면 그만큼 더 간 것입니다. 물론 내가 원하는 만큼의 수준은 아니지만 그 또한 과정입니다.

하나님이 매일 반복적으로 찾아오시지 않습니까. 그것을 적극적으로 이해하고 수용하고 사랑해야 합니다. 다시는 울지 않기 위해 울어야 합니다. 웃는 것은 포기하지 않기 위해 웃어야 하지요. 웃고 다 넘겨 버리면 안 됩니다.

간증은 자신이 자라는 이야기를 하지 않고 옛날 이야기를 합니다. 지금을 이야기하기 위해 지난날의 감동을 이야기하고, 그 대목에서 자꾸 머무릅니다. 하지만 다음에도 다시 과거 이야기를 합니다. 듣는 사람들도 간증자도 믿은 다음 이야기에 귀를 기울여야 합니다. 옛날에서 현재로 돌이키는 기점을 넘어서서 그래서 지금은 무엇과 씨름하는지를 말해야 합니다.

김관성 하나님이 저를 사랑하시는 만큼 제가 하나님께서 허락하시는 하루를 잘 이해하고 수용하고 도망가지 않는 것이 관건이겠습니다. 그렇다면 목사님, 사랑은 무엇입니까? 어떤 목사님은 고린도전서 13장을 읽어 보라고 하시더군요. (웃음)

박영선 사랑은 한 존재와 가치가 가지는 최고의 경지를 말합니다. '존재와 가치의 최고의 경지'란 무엇일까요? 우리는 사랑이라는 말을 개념으로는 거의 알고 있습니다. 지식보다 고급한 것, 성의보다 더 귀한 것, 어떤 행복보다 더 큰 것으로 알고 있지요. 그래서 다들 사랑이라는 말을 씁니다. 보다 더 큰 관계 또는 갈구가 있을 때 사랑이라는 말을 쓰지요.

사랑이 무엇인지 알게 되는 때는 내가 원하는 사람의 입술로 "사랑합니다"라는 말을 듣는 순간입니다. 그때 제대로, 유일하게 알게 되지요. 그 진부한 말을, 수없이 듣고 수없이 실망한 그 말을 내가 원하는 그 사람이 그의 입으로 말할 때 사랑이 얼마나 귀하고 위대한지를 알게 됩니다. 꼭 그 사람한테서 그 말이 나와야 합니다.

옛날에는 진지하면 표현을 안 했습니다. 사랑하면 책임져야지, 굳이 표현까지 할 필요가 없다고 생각했지요. 표현은 아첨꾼이나 하는 것이라고 생각하던 시절이었습니다. 그래서 사랑한다는 말을 못한 것이지요. 그런데 살아 보니 사랑한다는 말이 하는 때나 듣는 때나 매우 좋은 것입니다. 그 말을 가슴에 묻고 혼자만 아는 것보다 그것을 열고 나누니까 그렇게 좋을 수가 없었습니다.

만일 누가 사랑을 이렇게 설명해 주었다면 많이들 썼을지도 모르겠습니다. 그런데 그때는 사랑하면 "결혼합시다"라는 말은 해도 "사랑합니다"라는 말은 안 했던 것입니다. 책임을 져야 한다는 생각이 우선적으로 들어서 그런 솜사탕 같은 말로 때울 수 없다고 생각했던 것이지요.

여자의 경우는 남자와 좀 다릅니다. 여자들은 남자가 볼 때 좋은 남자를 별로 안 좋아합니다. 무겁지 않은 남자를 좋아합니다. 가볍다고 볼 수 있는 그 남자들은 "사랑합니다"라는 말을 입에 달고 다니니까요. 남자 사회에서 정말 남자다운 남자는 절대 그런 표현도, 표정도 하지 않습니다.

그런데 "사랑합니다"라는 말은 해야 되는 것이었습니다. 그 말은 할 때마다 총천연색 시네마스코프(Cinema-Scope, 와이드스크린 방식에 따른 대형 영화)가 되는 것입니다. 저희 세대는 흑백 영화 시대였습니다. 어느덧 흑백 영화 시대가 막을 내리고 총천연색 시대가 온 것입니다. 세상이 달라진 것이지요. 흑백의 가치와 예술성과는 다른, 다시 말해 색이 두 가지밖에 없던 것에서 몇백만 개가 된 것입니다. 차원이 달라진 것입니다. 현대사회도 마찬가지로 본질이 달라진 것이 아니라 내용이 세분화된 것입니다. 우리의 신앙이 세분화된 다양함과 요구를 좇아 들어가 답을 할 성의와 실력이 되는 것이지요.

그런데 저희 세대는 아직도 흑백사진 한 장만 가지고 있는 것입니다. 모자란다고 생각하는 것이지요. 죽기까지 사랑한다는 것은 다시 말하면 이기심이 아니라 이타심입니다. 죽기까지 사랑한다는 것은 나 하나 채우는 것으로는 모자란다는 자세입니다. 그것은 나를 채우고, 내가 사랑하는 상대를 채우는 것이라는 뜻입니다. 상대를 기쁘게 하는 것이 나를 기쁘게 하는 것이라고 생각해서 표현상 가장 부정적인 경우까지도 감당해 낼 수 있는 것입니다.

이것을 기독교가 우리에게 요구하는 것은 예수께서 죽음으로 우리를 구원하시고, 죽기까지 사랑하셨다는 부분입니다. 이러한 사실이 하나님의 어떤 부분에 대한 이해와 연결되어야 하는데, 나중에 이것이 말장난이 되는 것이지요. 이러한 성경 표현의 문학성, 실제성, 그리고 말장난이 아니라 하나님이 정말 죽으셨다는 사실이 갖는 진정성에 대한 이해로 가야 합니다.

김관성 하나님이 제게 사랑하는 사람을 주셨는데, 제 마음이 처음과 달라졌다면 사랑은 끝난 건가요?

박영선 사랑이란 상대방이 불편하면 내가 불편한 것입니다. 그 사람이 불편하지 않도록 내가 마음을 다하는 것이라면 그것이 사랑하는 것이지요. '골탕 한번 먹어 봐라' 하면 사랑은 끝난 것입니다. 그런데 분노가 일어나는 이유는 상대방이 싫어서가 아니라 '내가 이쯤 양보했는데 왜 몰라주지?' 하기 때문입니다. 사랑은 상대방이 싫어지지 않습니다. 사랑은 꽤 끈질겨서 실제로는 서로를 사랑하는데 사랑하는지 모르는 경우가 더 많습니다. 둘이서 계속해서 "네 말이 맞아" 하지 않고 "내가 이만큼이나 하고 있는데 모른단 말이야?" 하고 있는 것이지요. 그러면서 서로 '왜 내 말을 이렇게 안 들을까?' 하는 생각이 분노로 바뀌고, 나중에 상처를 주기 위해서 못할 말까지 하게 되는 경지에 올라서 어려워지는 것입니다. 그런데 곰곰이 생각해 보면, 상대가 나에 대해서 굉장히 예민하다는 것을 알게 됩니다. 그것이 없으면 곤란해집니다. 그것이 있는 한은 둘이 사랑하는 것이지요.

그런데 사랑을 하면 행복해진다는 것은 오해입니다. 우리에게 행복은 사는 데 도움이 되어야 행복이 됩니다. 그런데 이 사람과 살아서 행복하고 도움이 되는 것이 아니라 이 사람하고 있어서 일이 더 늘어나니까 그 부분을 이해하지 못하는 것입니다. 현실은 혼자 살기에도 바쁜데 말입니다. 혼자 살면 포기하면 되는 일이 많지 않습니까? 그냥 포기하면 됩니다. 그러나 결혼을 하면 배우자나 자식을 포기할 수가 없습니다. 내가 포기하면 안 되는 일들이 있지요. 내가 손해 보고 말면 되는 일이 아니라, 내가 포기해서 가족이 피해를 입는 일은 차마 할 수가 없습니다. 거기서부터 이제 원수가 되는 것이지요.

그런데 그것은 오해입니다. 하나님은 우리에게 그 희생을, 그 고통을 요구하십니다. 그렇게 함으로 나중에 굉장히 큰 것을 얻게 되는 것입니다. 우리 혼자서는 결코 올 수 없는 위대한 자리에 오게 되는 것입니다. 결혼생활을 안 한 사람은 군대에 안 갔다 온 사람 같다고 할 수 있습니다. (웃음)

김관성 저는 결혼도 했고, 군대도 다녀왔습니다.

박영선 훌륭하십니다. (웃음) 사랑은 결혼을 하게 되면 더 깊이 알게 됩니다. 우리가 기대하는 것과 다른 식으로 우리에게 찾아오고 우리를 훈련시킵니다. 절대 할 수 없는 것을 하게 합니다. 요강을 가져다 비우는 일도 하게 합니다. 그래서 '아버지는 왜 그러셨을까?' 하는 생각을 하게 하지요. (웃음) 그래서 '난 달라야지' 생각하게 하는 것이지요.

김관성 사랑의 수고를 끊임없이 하다가 기쁨이 어느 순간 사라지면 어떻게 돌아갈 수 있을까요?

박영선 그것은 기쁨이 사라지는 것이 아니고 흥분이 사라지는 것입니다. 흥분은 자극적이기만 한 것입니다. 요즘 들어서 제가 영화를 보지 못하는 이유가 전부 블록버스터만 있고 스토리가 없기 때문입니다. 스토리란 보편적 진리를 담고 있는 것을 의미합니다. 모든 인간이 스토리를 보고 공감할 수 있도록 주제가 있어야 하는 것이지요. 갈등, 도전, 시험, 그리고 헛된 망상 같은 것들이 있어야 합니다. 그런 것들이 없는 영화는 그냥 오락물일 뿐입니다. 오락물은 보는 사람을 흥분시키지만 실제로 텍스트는 적습니다. 그러므로 사랑은 결국은 텍스트로 엮이는 것입니다. 이 사람이라는 존재와 나라는 존재가 독립된 인격, 취향, 성격, 개성을 가지고 화음을 만들어 가는 것입니다. 그러므로 내가 내는 소리와 이 사람이 내는 소리가 다르지요. 이 사람은 소프라노이고, 나는 테너인 식으로 말입니다. 하나는 남자이고, 하나는 여자이지요. 그런데 솔리스트는 절대 만들 수 없는 화음을 둘에서 만들어 냅니다.

그래서 둘이 다를수록 기가 막힌 것입니다.

가장 대표적으로 합창에 베이스가 없으면 어떻겠습니까. 소프라노, 알토, 테너는 멜로디가 있는데 베이스는 멜로디가 없습니다. 베이스는 북을 치듯이 갑니다. 가장 재미없는 베이스가 무대인 것입니다. 무대가 있어야 그 위에서 날뛸 수가 있는 것입니다. 사람을 만나면 서로가 전혀 다른 소리를 낸다는 것을 알게 됩니다. 나와 다른 음을 낸다는 뜻이지요. 우리는 그것이 화음을 만들어 낼 수 있다는 사실을 이해하고 기대해야 합니다. 그 사람을 만나면 화음이 되는 것이고, 없으면 솔로밖에 안 된다는 것을 확인하면 친구이든, 배우자이든, 자녀이든 그 사람과 있으면 방해받고 있는 것이 아니라 화음을 만들기 위해서 연습해야 한다는 사실을 깨닫게 됩니다.

김관성 부모와 자녀 간에도 그렇겠지요?

박영선 물론입니다. 존재론적 질서가 있습니다. 부모와 자녀라는 존재론적 지위가 다릅니다. 그러나 누가 더 유능한가, 누가 더 잘났느냐는 다른 문제입니다. 하나님과 우리는 다릅니다. 인간 속에서의 질서가 아니라 창조주와 피조물의 관계이기 때문이지요. 기독교의 위대함이 계속해서 세상의 도전들에 의해, 질문들에 의해 더 분명해지고 세분화되어서 소개되어야 합니다. 그렇지 않으면 적용되기가 어렵습니다.

김관성 지금 현대 사회는 혈연관계도 쉽게 무너지고 있지 않습니까. 이런 현실에서 어떻게 사랑의 가치를 계속해서 추구할 수 있을까요?

박영선 이 같은 현상이 일어나는 것은 우리에게 도전하는 현실적 시험과 공포가 그만큼 크다는 뜻입니다. 혈연관계까지도 깰 만큼 우리가 처해 있는 정황, 하나님이 우리를 만들어 가시는 정황은 진지합니다. 죽음을 각오하고, 죽어 버릴까 생각하고, 혈연관계를 깰 수 있는 그 지경에서 사랑의 가치가 증언됩니다. 앞으로 나가고, 나가고, 또 나가서 최상의 경지에 도달해서 만들어 가는 사랑이 아니라 깨지고 망하고 죽는 조건에서 사랑이 증언되는 것이지요. 이것은 다른 것들을 누적시켜서 결과로서 얻게 되는 경지가 아니라, 모든 존재와 이해관계로 부술 수 없는, 막을 수 없는, 흠집을 만들 수 없는 가치인 것입니다.

김관성 존재와 가치의 상관관계를 기독교 언어로 설명해 주십시오.

박영선 모든 존재의 가치보다 관계가 더 가치가 크다고 합니다. 하나님은 모든 것을 만드실 수 있을 뿐 아니라 모든 것의 관계를 요구하십니다. 우리는 가치로서 존재가 가장 우선한다고 생각하는데, 성령께서는 관계가 가장 우선한다고 말씀하십니다.

제가 만든 말을 하나 해 보겠습니다. 인간은, 특별히 신앙인은 우선적으로 절대적으로 자신의 정체성을 '하나님이 사랑하시는 대상'이라고 정의합니다. 자신의 가치를 독립적으로 가지지 않고 관계성으로 가집니다. 다른 사람과의 사랑의 관계가 아니라 하나님과의 관계로 가지는 것입니다. 그래서 "이 관계를 성립시키시는 하나님이 누구신가?"로부터 출발하지 않으면 그 가치가 근거를 잃고 맙니다. 하나님이 누구신지를 알고, 그 하나님이 당신의 아들을 주실 수 있는 사랑의 대상이시라는 데 서 있는 것입니다.

그렇지 않으면 우리는 자신의 존재를 철학적으로 생각하는 것, 결정하는 것, 자유, 공연, 작품, 예술성 같은 데 팔아먹게 됩니다. 이런 것들이 가치가 없다는 뜻이 아니라 이런 것들은 우리의 가치를 근거하거나 증명해 주지 않습니다.

김관성 의의 문제는 어떻습니까?

박영선 의는 어려운 문제입니다. 의는 옳다는 것입니다. 우리는 옳은 것을 '도덕'이라고 합니다. 더 나가면 윤리, 책임이라고 하지요. 성경에서 의는 하나님과 관계의 정상화를 뜻합니다. 그것이 '옳음'입니다. 그러면 믿음은 무엇입니까? 옳게 만드시는 하나님의 방법인 것이지요. 믿음은 베팅이 아닙니다.

하박국 선지자가 오직 의인은 믿음으로 말미암아 산다고 했는데(합 2:4), 그것은 하나님과의 관계가 정상화되면 하나님의 피조 세계에서 하나님의 통치 은혜를 목적으로 살게 된다는 뜻입니다. 우리에게 이런 은혜를 주시기 위해 예수 그리스도가 십자가를 지신 것입니다.

김관성 죄에서 의로 옮겨 가기 위해 회개의 과정이 필요하지 않습니까. 평신도가 가장 어려워하는 게 회개입니다. 잘못했다고 비는 것입니까? 죄와 용서와 회개의 관계를 말씀해 주십시오.

박영선 용서는 잘잘못을 완결 짓는 방법이 아닙니다. 죄를 계속 짓는 그 속에서 하나님도 계속 일하고 계신다고 말하는 것이 용서이지요. 우리가 죄를 계속 지을 때 하나님도 일하고 계십니다. 반복적으로 실패해도 하나님은 계속 승리하고 계신다는 것, 그것이 용서입니다. 자기 자신에 대해 적용할 수 있어야 합니다.

신앙생활을 얼마나 잘하느냐는 끝이 나 봐야 알 수 있습니다. 그러니까 그가 잘못한 것까지도 유익을 남깁니다. '저 사람처럼은 하지 말자.' 이것 역시 큰 유익인 것입니다. 그러니까 마음껏 하십시오. 마음껏 하라는 말밖에 다른 방법은 없습니다. "오늘은 설교할 게 없습니다" 하고 내려올 수는 없으니까요. 남의 집에 가서 훔쳐라도 오십시오. 괜찮습니다. 그런 과정을 지나지 않고는 진정한 하나님의 일하심이 형성되지 않습니다. 굉장히 구체적입니다. 개념과 윤리가 언제나 우리의 존재 가치보다 위에 있지 않습니다.

하나님은 우리를 편들기 위해서 성육신하셨습니다. 개념화하시지 않았습니다. 인생에 들어오셨습니다. 우리의 기대하고 너무 다른 것입니다. 성경에 나오듯이 바리새인들은 예수를 죽이려고 몇 번을 시도했습니다. 그런데 백성들 때문에 못 죽였습니다. 마지막에는 백성들이 죽이라고 해서 예수를 죽일 수 있었지요. 그 길을 예수께서 가셨습니다. 우리는 그에게 돌을 던진 사람들입니다. 그러니까 하나님의 일하심이 우리의 이해보다 얼마나 큰가를 알지 못하면 목사 노릇도 못하고 인생을 살아가지도 못합니다.

문제는 무엇이 남느냐입니다. 잘하는 것에서 무엇이 남고, 못한 것에서 무엇이 남느냐인 것이지요. 거기 하나님이 개입하셔야만 은혜로 남습니다. 잘했어도, 완벽했어도 하나님이 함께하시지 않으면 분노와 원망에 불과합니다. 실패했어도 하나님이 함께하셨으면 그 잘못이 본인에게는 일생일대의 전기가 되고 교훈이 됩니다. 그것은 하나님 몫입니다.

우리는 끊임없이 자기의 결정과 자기의 능력, 자기의 운이라는 카테고리에서 불만입니다. 나중에 보면, 우리는 예수가 우리를 위해서 죽으신 존재입니다. 잘된 다음에 보면 할 말이 잘못한 것밖에는 없는 것입니다. 겸손을 떨려고 하는 것이 아니라 너무 드라마틱하기 때문이지요. 자랑할 것이 없는 것입니다. 자랑할 조건과 경우가 너무 없습니다.

김관성 십자가를 생각하면 비장한 관념들이 떠오릅니다. 하지만 십자가의 실재에 대해서는 조금 막막한 것도 사실입니다. 우리 삶과 관련해서 십자가를 어떻게 이해하는 것이 가장 좋겠습니까?

박영선 어느 형편과 조건에서도 하나님은 기적을 만들어 내실 수 있다는 것을 믿는 것입니다. 십자가는 언제나 반전이 가능합니다. 역전과 기적이 있습니다. 영화 〈벤허〉에서 아주 짧은 장면에 등장한 조연이 있는데, 벤허를 노예로 잡아서 노예선으로 데려가는 간수장이 있습니다. 중간에 어느 마을에서 잠깐 물을 마시게 되었는데, 그는 미운털이 박힌 벤허에게는 물을 주지 말라고 했습니다. 그런데 예수님이 오셔서 물 한 바가지를 주시고 벤허가 그것을 마셨습니다. 그것을 본 간수장이 와서 치우면서 "주지 말라고 그랬잖아!" 하며 째려보는 장면이 있습니다. 그리고 간수장이 예수님을 등지며 눈이 부신 듯 물러나는데, 그 한 장면이 기가 막힙니다. 그 영화의 백미 중에 하나입니다.
우리 인생에서 아무것도 아닌 것, 무가치해 보이는 것일지라도 하나님은 "내가 함께하니까 걱정 말아라"라고 하십니다. 에베소서는 말합니다. "술 취하지 말라 이는 방탕한 것이니 오직 성령으로 충만함을 받으라"(엡 5:18). 성령으로 충만하라는 말씀은 자신이 맡은 역할을 제대로 하라는 것입니다. 그것도 찍고 있는 영화라는 것이지요.

김관성 영화를 연상하니 이해가 쉬워집니다. 목사님의 삶에서 십자가는 무엇인지 듣고 싶습니다. 신앙인으로서 어떤 십자가를 고수해야 할까요?

박영선 2015년 남포교회 개척 30주년을 맞아 여러 목사님들의 인사를 받았습니다. 그분들이 와서는 아직도 제가 힘든 싸움을 하고 있다는 것을 확인하고 가셨습니다. 30년 동안 한 것을 돌아보고 즐기는 것이 말년이 아닙니다. 더구나 인생은 아직도 걸어야 하는 것이지요. 아직 저더러 촬영장에서 떠나지 말라고 합니다. 아직 촬영 중이라는 것입니다. 거기서 내려와야 "커피라도 한 잔 다오" 하며 잊는데 말입니다.
그런데 주변에서 볼 때는 보상도 있고, 명예도 얻고, 이만한 지위에 올랐으니 지금은 괜찮을 것이라고들 생각합니다. 그런데 아닙니다. 아직 살아 있는데 그것이 무슨 소리입니까. 살아 있는 한 죄가, 최고의 권세인 사망이 아직도 도전하고 위협하고 있습니다. 살아있는 한 씨름하고 괴로워하고 그리고 싸워 이겨야 합니다.

영화 〈쇼생크 탈출〉을 보면 모건 프리먼(Morgan Freeman)이라는 유명한 할리우드 배우가 나옵니다. 그 사람이 얼마나 연기를 잘하는가 하면, 누군가가 그에게 "어떻게 당신이 나오기만 하면 영화에 무게가 생깁니까?" 하고 물었더니 자기도 모르겠다고 대답했다고 합니다. 알고 보면 시시한 역도 많이 했는데, 그가 나오기만 하면 악역마저도 위대해 보이는 것입니다.

십자가란 그런 것입니다. 자신이 역사를 만들어 가고 있고, 하나님의 기적을 만드는 손길이라는 것을 아는 것이지요. 누구 하나 보는 사람 없다고 대강 해서는 안 됩니다. 아직 찍고 있지 않습니까. 어떤 배우의 선배가 자기에게 이렇게 알려 주었다고 합니다. "너, 연기할 때 조심해라." 이유를 묻자 선배가 하는 말이, "너는 남의 집 안방에 들어간다는 것을 알아라" 했다고 합니다. 옛날에는 거실이 거의 없었고 다 안방뿐이었습니다. TV는 다 안방에 있었습니다. 그 선배가 이어서 "너는 언제나 예의를 갖춰라"라고 했다고 합니다. 굉장한 충고입니다. 어느 때나, 내가 가장 이해할 수 없는, 그리고 불리한 조건과 경우에 있을 때조차, 원망할 때조차, 불평할 때조차 하나님의 일을 하고 있다는 진지함과 자기를 보고 있는 이웃들 앞에 예의를 지켜야 한다는 것입니다. 그 사실을 깨달으면 가장 고통스러울 때도 위대해집니다.

김관성 사실 우리 교회는 도덕적 수준에서 세상보다 못하다는 평가를 받고 있습니다. 단지 근거 없는 낭설이 아니라, 관련된 이런 저런 자료가 제시될 정도입니다. 옛날 같으면 교회에서 상상도 못 할 일들이 버젓이 일어나고 있습니다. 이걸 어떻게 봐야 할까요?

박영선 사회의 질서와 윤리가 완고했던 시절이라고 더 낫지는 않습니다. 우리가 잘 아는 책 《주홍글씨》는 청교도 시대의 이야기입니다. 사회적으로 완고하니까 죄가 더 은밀하고 깊고, 또 명분을 뒤집어쓰고 나타나게 되는 것이지요.
《주홍글씨》를 보면 교회에 사람들이 모여서 "저 사람은 악령이 쓰였다"고 정죄하는 장면이 나옵니다. 그것이 그들의 일이었습니다. 그들은 "나도 봤다", "주문을 외우는 것을 봤다" 하며 사람을 잡았습니다. 그리고는 데려다가 화형을 시켰지요. 멀쩡한 사람이 죽어 나간 것입니다. 그런 사회에서 주인공이 불륜을 저지르는 내용이지 않습니까. 그 여자가 끝까지 말을 안 하고 벌을 받지 않습니까. 굉장히 무서운 작품입니다.
우리는 죄가 얼마나 은밀하고 집요한가를 알아야 합니다. 겉으로 나타나면 더 혼란스럽고 큰 것이 아니라 감춰졌을 때도 마찬가지입니다. 죄는 언제나 사회적으로, 또는 현상적으로 막으면 근절되거나 해결되는 게 아니라는 것을 알아야 합니다.
마태복음 6장식으로 하자면, 산상수훈에서 예수님이 얼마나 무섭게 설교를 하셨던지, 구제, 기도, 금식할 때 주의하라고 말씀하셨습니다. 당시 사람들은 사람 앞에 보이려고 구제하고, 사람 앞에 보이려고 기도하고, 사람 앞에 보이려고 금식했습니다. 그래서 은밀히 하라고 하셨더니, 이제 은밀히 하는 죄가 되고 말았습니다.

로이드 존스(Martin Llyod Jones)가 목회자들 모임에 참석했는데, 매번 한 목사님이 12시만 되면 살며시 나가셨다고 합니다. 처음에는 몰랐다가 며칠 지나서 '저분은 왜 12시만 되면 나가시나?' 궁금해졌습니다. 나중에 소문이 돌아서 알고 보니 정해 놓고 기도하는 시간이었던 것입니다. 그러자 그 시간에 나가지 않았던 사람들은 다 정죄감을 느끼게 되었다고 합니다.

죄란 이렇게 무서운 것입니다. 너무나 다양한 방법으로 곳곳에 침투해 들어옵니다. 허영과 거짓말로만 들어오는 것이 아닙니다. 그래서 그런 것들을 하지 않는 것만으로는 막을 수가 없는 것이지요. 가능한 기회가 있을 때마다 더 적극적인 신앙인이 되려고 해야 하는데, 그러기 위해서는 진지하게 자기 도전을 받아들여야 합니다. 자신의 삶에서 자꾸 도망을 가려 해서는 안 됩니다. 자신에게 매일 반복되는 일상을 준비하고, 사람을 만나는 일을 진지하게 해야 합니다.

저 같은 경우 때로 사람 만나는 것을 저도 모르게 쉽게 지나가려고 할 때가 있는데 자꾸 붙들어 맵니다. 왜냐하면 그 사람은 굉장한 망설임 끝에 제게 찾아오는 것이기 때문이지요. 그러므로 기술로써가 아니라, 그 사람을 위해서가 아니라, 저 스스로를 위해서 붙잡아야 하는 것입니다. 이것이 내 인생이고 현실이고 책임이라는 사실을 저 스스로에게 확인시킵니다. 그런데도 어떤 때는 잘못합니다. 그러면 후회하고 감수합니다. 너무 자책하고 회개하면 못 견딥니다. 짐을 벗어던지려 말고 지고 가야 합니다.

김관성 앞으론 그렇게 하겠습니다. (웃음)

박영선 그것이 우리의 현실이고, 하나님이 일하시는 방식이며, 우리를 만드시고 우리를 통해 일하시는 하나님의 방법입니다. 그런데 우리는 모두 그것은 아닐 것이라고 생각해요. 무슨 신통한 이야기들과 큰 명분에 찬 이야기들로 자기 인생을 장식하려고 하는 바람에 사실은 실제적인 삶을 아무도 살지 못하는 것입니다.
가장 가까운 친구들을 만나도 진지한 대화를 하는 사람을 보는 일이 참 힘들다고 생각합니다. 친한 사람을 만나면 마음을 허물어서 긴장하고 있던 것들을 쏟아 내고 가는 정도가 최선인 것 같습니다. 아니면 술 먹고 자기 하고 싶은 말만 하고, 또 아무도 그것을 안 들어 주고, 노래방 같은 데 가서 아무도 듣지 않는 노래를 혼자서 부르곤 합니다. 그리고 신앙적인 이야기를 하면 모두 정답만 말하고, 사실은 이렇다는 속이야기를 하지 못하고, 또 어쩌다가 속이야기를 하면 다들 도망쳐 버리고 맙니다.
우리는 우리의 실력을 쌓아서 이야기를 들을 수 있고, 자기 짐을 질 수 있습니다. 그렇게 우리는 오늘 하루를 살았습니다. 오늘 하루만큼 산 것입니다. 내일은 오늘보다는 나으려고 합니다. 이렇게 저녁 기도가 이루어져야 합니다. "오늘은 이것을 잘못했고, 이것도 잘못했고, 이것조차 잘못했습니다" 하는 기도로는 못 견딥니다.

김관성 목사님의 말씀을 듣는 순간에는 "아멘" 하다가도, 현실에서는 하나님의 임재를 생생히 느끼기가 쉽지 않습니다. 그래서 믿지 않는 자들의 아우성이 우리 삶을 쉽게 침범해 오는 것 같습니다.

박영선 사실 그때가 하나님이 우리에게 주신 기회입니다. 하나님이 왜 그렇게 하시는지는 알 수 없습니다. 탕자의 비유처럼 나간다고 하니까 내버려 두시는 것이지요. 원래 나간다고 하면 혼쭐을 내 주어야 합니다. 아이도 망칠 뿐만 아니라 부모로서의 책임과 권위에 금이 가기 때문입니다. 그러나 하나님은 내보내십니다. 그것도 재산을 달라고 하는 자녀에게 재산까지 주어서 내보내십니다. 그것이 인생이고 역사입니다. 그리고 살아 보고 나서 이야기하자는 것입니다.

우리는 어떻게 해서든지 군대에 안 가려고 합니다. 군대 안 가는 것과 공부 안 하는 것은 똑같은 것입니다. 아침에 안 일어나는 것도 마찬가지입니다. 일어나서 그날을 살아야 하는 것입니다. 하나님은 나를 내보내셔서 준비하지도, 예상하지도 않은 날들을 살아 보라고 하십니다. 배를 타고 바다를 지나는데 배 안에 웅크리고 있으니까 '바다 좀 봐라' 하시며 꽝 차서 빠뜨리시는 것입니다. 바닷물이 얼마나 짠지 맛보고, 다가오는 돌고래도 만져 보는 게 우리 인생인 것이지요. 굉장한 모험입니다. 세상이 모험이요 놀이기구를 타는 것 같지 않습니까.

하나님이 우리에게 대등한 지위를 주시는 것입니다. 사랑, 믿음 등의 단어는 다른 종교에서는 덕목이요 명분일 뿐입니다. 기독교에서만은 그것이 지위이지요. 사랑이라는 말과 믿음이라는 말은 하나님이 우리와 대등한 지위에서 관계를 가지시겠다는 것입니다. 하나님은 우리를 조종하지 않으십니다. 존재론적 차이가 극명하게 나는 초월적 존재이신 하나님이 피조물인 우리와의 관계에서 우리를 대등한 지위에 놓으신 것입니다.

실패했어도 하나님이 함께하셨으면
그 잘못이 본인에게는 일생일대의 전기가 되고 교훈이 됩니다.

04
교회는 생명을 맡은 곳입니다

김관성 어린 시절 다녔던 교회를 생각하면 여러 가지가 떠오릅니다. 교회에는 친구들이나 형님, 누나, 동생들이 있었습니다. 모두가 가족 같았습니다. 교회가 진짜 집보다 더 집 같았다고 할 수 있지요. 그래서 교회에 갈 때마다 큰 기대가 있었습니다. 수고와 고달픔을 위로받는 곳이 교회였던 셈입니다. 그런데 성인이 돼서 그런 것을 잘 느끼지 못하는 것인지, 요즘 교회에서는 옛날 같은 분위기를 찾기가 힘듭니다. 원인이 무엇일까요?

박영선 교회를 집에 비유한 건 중요한 단서입니다. 왜 하필 집일까요? 교회에 가는 이유 같은 게 하나씩 있어야 하기 때문입니다. 교회에 대한 기대 말입니다. 거기 가까운 사람, 친한 사람이 있어서 가는 건 교회가 아니에요. 교회를 다니는 이유는 사실 조사할 필요도 없습니다. 모두 붙잡혀서 가는 거지요. 습관적으로 가는 것입니다. 안 가면 불편하고, 다녀오는 게 낫기 때문에 가는 것입니다. 그러면서 교회가 이러저러했으면 좋겠다고 기대를 갖는 것입니다. 교회를 집이라고 하면 다른 어떤 것과도 다릅니다. 집이라고 하면 안심이 되거든요.

《소공녀》라는 소설이 있습니다. 세라는 기숙학교에 살고 있었는데 아버지가 돌아가시고 나자 교장이 세라에게 투자한 돈을 회수하기 위해서 하녀로 부리고 못되게 굴지요. 세라가 불만을 토로하니까 "나는 너에게 집을 줬잖아"라고 합니다. 그러자 세라는 "이건 집(home, 홈)이 아니에요"라고 대답합니다.

한국의 기성세대에게는 '홈'이라는 게 없었습니다. 건물로서 집, 즉 '하우스'(house)만 있었지요. 무서웠습니다. 홈이 뭔지 사실은 모릅니다. 저도 교회에 대한 추억은 그저 공포가 없었다는 기억뿐입니다. 하지만 나중에 알고 보니까 물리적 공포가 없는 대신에, 자신을 꾸미고 가장하는 위선에 두려움을 갖게 된 것 같습니다. 뭘 잘하는 건지 모르니까 자꾸 완벽을 꾸미고 치장하느라 그렇게 된 겁니다.

김관성 로이드 존스도 "집에 마음 편하게 오기 위해 교회에 간다"는 말을 했지요. 이건 부정적인 의미로 알고 있는데요.

박영선 우리는 알고 보는 게 아니라 보고 압니다. 아는 게 먼저가 아니고 보는 게 먼저입니다. 교회도 하나님이 먼저 붙잡아서 보여 주십니다. '가야지' 결심한다고 갈 수 있는 게 아닙니다. 그래서 저는 교회 와서 졸든지, 열심을 안 내든지, 진정성이 없든지 개의치 않습니다. 그렇게 말 배우듯이 천천히 배우는 것이기 때문이에요. 하나님이 교회를 외면하시지 않고 간섭하신다는 것을 알기 때문입니다.

김관성 목사님은 교회를 어떻게 정의하십니까?

박영선 신학적으로 말하면, 교회는 하나님이 부르신 백성의 영혼을 채워 주시기 위해 하나님의 임재가 약속된 조직입니다. 하나님의 살아계심과 일하심이 그분을 향한 생명들에게 쏟아져, 그들의 목마름을 풍성하게 해결해 주는 곳입니다. 또한 다른 어떤 것으로도 대체할 수 없는 기관입니다.
조금 더 쉽게 설명하자면, 교회란 가정입니다. 가족이지요. 결혼생활은 이래야 한다는 규범은 있을 수 없습니다. 남편과 아내를 교과서적으로 규정할 수도 없습니다. 보편적이지 않고 각각 특수하고 유일한 존재들이, 특유의 존재로서 화음을 내고 밀고 당기고 합의하고 복종하고 대립함으로써 만들어 내는 것이 가정입니다. 성경에서 가정을 둘이 하나가 되었다고 하는데, 마찬가지로 우리 몸의 지체들이 연결되는 것처럼 서로 공조하는 것이 교회입니다. 이렇게 유기적인 관계에서는 너와 나의 구별이 없지요. 그러나 그게 갈등의 원인이기도 합니다. 그래서 교회에는 갈등이 존속할 수밖에 없습니다.

어떤 점에서는 교회가 무엇이라고 말하기 쉽지 않다고도 생각합니다. 예수가 교회의 머리라는 것, 하나님이 그렇게 만드셨다는 것을 제외하고는 교회가 뭔지 분명히 선포할 수 있는 내용이 없다고 봅니다.

남의 부부 싸움에는 개입하면 안 되지 않습니까. 누가 잘하고 잘못하고의 문제가 아니에요. 그것은 둘만이 해결할 수 있는 일입니다. 그런 점에서 지금 교회를 두고 세상이 무한정한 폭격을 퍼붓는 것은 서툰 행동입니다. 교회 재정이 투명하지 않다, 세상도 안 하는 세습을 한다 비판하고 싶겠지요. 하지만 교회는 충분히 자기 잘못을 알고 있습니다. 교회가 늘 옳지 않았다는 것은 교회사가 증언하지요. 세상이 거들지 않아도 교회가 자기 잘못을 가장 잘 압니다. 부부 사정은 부부가 가장 잘 아는 것과 마찬가지입니다. 일반 부부와 다른 점이라면, 교회는 결코 깨지지 않는다는 겁니다. 교회는 영속합니다. 조직으로서 영속한다는 뜻이 아니에요.

교회도 망해서 세상 권력에 짓밟혔습니다. 터키에 있는 초대교회들 전부 관광지가 되었잖아요.
하나님은 교회에게 무한 책임과 무한 기회를 용납하셨습니다. 그리스도의 십자가 때문이지요. 무한 기회니까 막 살아도 좋다고 받아들이는 건 정말 못난 반응입니다. 하나님이 어떤 이유로도 교회를 놓지 않으실 텐데, 형편없이 자기 욕심 부리며 살아서야 되겠습니까.

김관성 교회가 어긋난 길로 가는 데 교회 조직원들, 특히 중직들의 책임이 크다고 보십니까?

박영선 전에는 믿음 좋고 기도 잘하는 장로님들, 권사님들이 교회를 먹여 살렸습니다. 그러니 그분들이 교회 분위기를 주도할 수밖에 없었지요. 한국 교회가 걸어온 길을 살펴보면 결국 신앙인과 생활인이 어떻게 융합하느냐의 문제였던 것 같습니다. 부모가 암시장에서 달러 장수를 했으면 그게 범법 행위입니까? 자식을 먹여 살리기 위해서 한 일을 법으로 판단하기가 쉽지 않지요.
우리가 애초에 교회에 기대하는 것은 생명의 냄새, 위로의 냄새입니다. 교회에 가면 거기 생명과 용서가 있다고 믿는 것입니다. 희망을 찾는 것입니다. 그런데 막상 교회에서는 이런 건 찾을 수가 없게 되었습니다. 전부 복권 같은 얘기만 무성했지요. "이렇게 저렇게 하면 무슨 보상을 받는다"라고 합니다. 나중에는 모두가 넘어갔습니다. 딱 복권 사는 심리입니다. 단체로 최면에 걸린 거지요. 그렇게 교회의 존재와 관련된 실제적인 질문들은 제쳐 두게 된 것입니다.

김관성 교회는 종교 단체가 아니라고 하신 적이 있습니다. 한국 교회가 명분으로 신앙의 내용을 채우는 경향을 지적하신 게 아닌가 합니다. 왜 이런 현상들이 나타났다고 보십니까?

박영선 신앙 인격과 현실에서의 구체적 신앙 실존이 미미하기 때문입니다. 아직 한국의 사회적 진도와 역사적 진도가 명분에서 실존으로 나아가는 데 있어서 미미합니다. 공부, 신앙, 신학이라는 추상명사와 명분에 잡혀 있고, 그것을 하는 사람들을 인격적으로, 복합적으로, 그리고 삶을 담아내는 것으로 구체화한 예술성이 없습니다. 사건별로 설명을 하고 해설을 하는 사람은 있지만 전체적인 통찰과 안목을 보여주는 이는 아직 없습니다.
내가 살아 숨 쉬고, 내 발로 가는 모든 자리와 내가 당하는 모든 정황에 신학과 신앙, 그리고 이기심과 비겁함이 범벅이 되어 나타나야 합니다. 실패하는 것까지도요. 그리고 변덕을 부리는 것 전부를 합쳐서 신앙과 우리의 실체를 증거해 내는 귀중한 증인이 있어야 합니다.

"왜 그랬어?"라는 질문에 "그러게 말이야. 그때는 내가"와 같은 변명은 필요 없습니다. 내가 못한 것이지요. 못했으면 잘못했다고 인정하면 됩니다. 그런 것들이 누적되지 않고서는 진정한 승리의 자리에 오를 수도 없고, 다른 길도 없습니다. 거기를 지나가야 가고자 하는 데가 나옵니다. 불순물이 다 빠져야 하는 것이 아닙니다. 그것은 신앙을 만드는 중요한 요소가 됩니다. 실패, 기만, 도피, 체념, 절망 등이 신앙을 완성할 때 들어 있어야지, 순수한 신앙만 남는 것은 추상명사에 불과할 뿐입니다.

김관성 교회가 세상의 인정과 박수를 받기 위한 목적으로 움직여서는 안 된다는 뜻인가요?

박영선 교회 예산의 절반을 구제에 사용하자고 주장하는 분들이 간혹 있습니다. 이런 말에 넘어가지 말자는 겁니다. 그것은 구제 기관입니다. 세상 사람들이 알아주는 방식으로 자신의 가치를 증명하는 것입니다. 기독교를 모르는 사람들, 예수 믿지 않는 사회가 인정해 줬다고 교회가 더 큰 가치를 입증하는 것입니까. 상식선에도 못 미치는 교회는 되지 말자는 당연하고도 부끄러운 이야기이지요.

김관성 최근에 종교인의 과세 문제로 기독교도 큰 비판을 받았는데요, 이 문제도 같은 맥락으로 보고 계신가요?

박영선 목회자들이 납세를 하지 않으면 조세를 포탈하는 시대가 되었다면 우리도 세금을 내야지요. 세월이 지나서 '목사님들의 지위는 그런 게 아니구나' 알게 되면 다시 없어질 것입니다. 겁낼 것이 전혀 없습니다. 이런 것에 기독교 전체를 동원해서 설교할 필요가 없습니다. 지금 세상은 교회와 목회자에 대해서 시비를 거는 중이기 때문이지요.

김관성 한국 교회가 너무 욕을 많이 먹어서 거꾸로 안 믿는 사람들의 칭찬과 인정을 갈망하게 된 것 같기도 합니다. 교회가 본질적인 사역은 제쳐 두고 세상 사람들에게 인정받는 일에 열심이라는 비판을 듣습니다. 대표적인 게 복지관 짓는 거지요. 안 믿는 사람들도 박수를 보내는 일이거든요.

박영선 세상은 권위가 없고 권력만 있습니다. 기독교에는 권위가 있습니다. 권력만으로는 창조주 하나님이 하신 것처럼 존재를 만들 수 없습니다. 존재를 만들 수 없는 사람들은 자기들끼리 경쟁을 해서 성공이나 실패로 자기 존재감을 확인하게 된 것입니다. 그래서 세상은 그 잣대로 위협합니다. 그래서 세상에 잡혀 있으면 위험과 유혹 앞에 노출되어 있는 셈입니다. 교회가 이에 어떻게 대응할 것인가는 교회사 속에서 답을 찾아야 합니다.

현시대를 개탄하고 비난하는 것은 답이 아닙니다. 우리가 이래서야 되겠느냐 각성을 일으켜서 전체 기독교를 휘저으려고 하는 다수주의는 실패하게 되어 있습니다. 소수가 지켜 낸 게 교회라고 역사가 말해 주지 않습니까.

교회는 어떤 강제력에 의해서가 아니라 각각의 자유로운 선택에 의해서 유지됩니다. 그것이 하나님이 택하신 방법입니다. 다른 교회를 비난하는 것 자체는 아무 도움이 안 된다고 생각합니다. 다른 교회가 어떻게 하든지 우리 교회에서는 안 그러면 됩니다.

우리 교회에도 간혹, 우리 교회는 이런 잘못이 없어서 정말 좋다고 얘기하는 분들이 있습니다. 그건 자랑이 아닙니다. 남이 한 실수를 자신은 안 한다고 좋아하는 것은 부정적인 확인에 불과합니다. 자신은 자신이 한 일을 말하고 책임지면 됩니다. 자꾸 남의 일을 끌어다 자기의 정체성과 가치를 인정받으려고 해서는 안 됩니다.

김관성 그럼 교회에 있어야 하는 본질적인 현상은 무엇입니까?

박영선 교회는 생명을 맡은 곳입니다. 물이 있으면 생명이 모이게 되어 있습니다. 꽃 피는 오뉴월에 얼마나 치장을 멋있게 하고 세련된 홍보를 돌리느냐는 본질이 아닙니다. 물이 나와야 합니다. 물이 흐르면 생명이 모이게 되어 있습니다.

그러니까 교회가 할 일은 하나님이 세우신 곳에서 하나님의 생수를 흘려보내는 것입니다. 이 본질을 놓치면 안 됩니다. 교회에는 생수가 흘러야 합니다. 구원과 용서와 회복과 소망이 있어야 합니다. 그럴 때 우리에게 약속된 복이 있습니다. 명예와 승리가 따릅니다. 가치는 본질에 있습니다. 본질 아닌 데 가치를 두면 음식에서 양념만 먹는 것과 같습니다.

교회가 할 수 있는 일들이 많이 있지요. 하지만 교회의 본질은 생명이 거하고, 생명을 부르고, 생명을 떠먹고, 생명이 자라는 것을 진정한 가치로 삼고 구체화하는 데 있습니다.

김관성 그렇다면 교회에서 목사의 존재 의의는 어디에 있다고 생각하십니까?

박영선 목사가 자기 먹고 살기 위해서 양 떼를 부르는 것이 아닙니다. 양 떼를 위해서 목자를 세우는 것입니다. 그렇게 목사를 세웠다면 하나님이 복을 내리시고 구원하시고 개입하시고 일하실 것입니다. 이 시대에 여전히 목사가 있다는 것은 이 사회를 하나님이 버리지 않으신다는 뜻입니다.

김관성 지금까지 설명하신 본질이 살아 있는 교회가 현재 한국 교회에서 구현되고 있다고 믿으십니까? 아니면 현실과는 좀 거리가 있지만 신학 이론으로서 의미 있는 말씀을 하신 건가요?

박영선 당연히 있다고 봅니다. 유진 피터슨이 말했지요. "세상에 기적은 있다. 단지 당신이 원하는 기적이 아닐 뿐이다." 기적은 감춰져 있는 것입니다. 마치 아기 예수가 누운 말구유 같은 것입니다. 예수가 누우니 말구유도 오성급 호텔만큼 고급스러워졌다는 의미가 아닙니다. 교회는 해당 시대에 가장 평범한 문화, 경제, 정치, 사회 수준을 성실히 반영하는 동시에 구별될 만큼의 차이를 가지면 됩니다.

세상에 비해 너무나 약소한 교회를 보면 사람들은 궁금해할 것입니다. '저렇게 약소한 주제에 뭘 하려는 걸까?' '만약 세상을 뛰어넘은 교회를 보면 무엇이 저 차이를 만들었을까?' 답을 찾으려 할 것입니다. 오늘날처럼 부정적인 시대에는 못하면 못한 대로, 나으면 나은 대로 어떻게든 교회를 비난할 겁니다. 교회는 그런 것에 일일이 답할 필요가 없어요. 자기 교회의 소중함과 독특함과 가치에 대해 책임을 느껴야 합니다.

05
결국 하나님이 답이십니다

김관성 언젠가부터 수련회나 부흥회의 단골 주제는 꿈, 비전 등이 됐습니다. 저는 이 메시지가 참 불편했습니다. 왜냐하면 이런 건 예수 믿지 않아도 듣는 얘기거든요. 왜 교회가 이런 얘기를 따라 하나 의아했습니다.

박영선 보통 우리의 인생을 생각하면 비전을 갖자고 이야기하고, 적극적인 자기 동력을 부추기는 것이 인생을 사는 법이라고 말합니다. 그것이 교육의 중요한 목적이라고 여기지요. "야망을 가져라." "자기 계발을 해라." "자아를 완성해라." 이런 이야기들은 기본적으로 인생이 수동태라는 것, 즉 우리 인생이 수동적으로 조건이 결정되어 있다는 사실을 놓쳐서 나온 말들입니다.

인생이 수동적이라는 말은 일단 태어나는 곳, 태어나는 상황, 자기의 콘텍스트를 자기가 선택하지 않는다는 뜻입니다. 우리는 부모, 자식을 선택하지 않습니다. 친구도 마찬가지입니다. 있는 중에서 고르는 것이지요. (웃음) 가만 보면 친구는 할 수 없이 오랫동안 같이 있었던 사람이 되는 것 같습니다. 그러니까 친구란 뭐든 양보하고 감수하는 완벽한 사람이 아니라는 뜻입니다. 결혼도 그렇습니다. 결혼을 하려면 목숨을 걸 만큼 눈에 무언가 씌어야 합니다. 평생을 약속하고, 평생을 어렵습니다. 기대하고는 완전히 다른 것이지요. 하나님이 둘을 묶어 놓는 것이기 때문입니다.

우리 팔이 길고 짧고가 없지 않습니까. 상대적으로 내 팔이고, 내 다리인 것입니다. 그것으로 살아야 합니다. 느리다는 이야기, 힘이 없다는 말을 아무리 해 봤자 개선되지 않습니다. 그렇게 살아야 하는 것입니다.

김관성 성경에서 그런 예를 확인할 수 있나요?

박영선 가장 핵심 되는 성경 인물은 요셉입니다. 요셉은 팔려 가고, 억울하게 옥에 가고, 느닷없이 총리가 됩니다. 기근이 예언되어 있어서 준비를 합니다. 형들을 만납니다. 자기가 어려서 꾼 꿈이 무엇인지 알게 됩니다. '아, 모든 것이 하나님의 준비였구나.' 그에게는 야망을 가질 틈이 없었습니다. 언제나 수동태로 있었지요.

시편이 이를 증거합니다. "그[여호와]가 또 그 땅에 기근이 들게 하사 그들이 의지하고 있는 양식을 다 끊으셨도다 그가 한 사람을 앞서 보내셨음이여 요셉이 종으로 팔렸도다 그의 발은 차꼬를 차고 그의 몸은 쇠사슬에 매였으니 곧 여호와의 말씀이 응할 때까지라 그의 말씀이 그를 단련하였도다 왕이 사람을 보내어 그를 석방함이여 뭇 백성의 통치자가 그를 자유롭게 하였도다"(시 105:16-20). 이 모든 일의 주체가 여호와 하나님이시고, 요셉은 수동태로 묘사됩니다.

인생을 주관하시는 큰 주인, 즉 큰일을 하시는 분을 모르면 우리는 우리가 처한 현실 속에서 큰 방향을 가질 수가 없게 됩니다. 어디가 동쪽이고 어디가 서쪽인지 모르게 되는 것이지요. 동네 골목길 같지가 않습니다. 중국집 옆에는 약국, 약국 옆에는 이발소가 있다는 것은 자기 동네 이야기일 뿐입니다. 어디나 그런 가게는 있지만 어디나 같은 순서로 되어 있지는 않습니다.

세상에서는 스스로 동력을 가지고 가치를 만들어 내야 합니다. 그래서 어떤 것은 경쟁이거나 보상입니다. 경쟁도 우리끼리 하는 것이고, 보상도 우리끼리 하는 것이지요. 그래서 굉장히 제한되어 있습니다. 성공한 사람들의 이야기를 들어 보면 성실, 겸손, 인내

등 보다 보편적인 진리를 말합니다. 그런데 사실 그것들은 동력이 되지 않습니다. 그래서 공부를 할 때는 공부를 잘하는 것밖에는 할 게 없는 것입니다. 공부를 잘하면 보상을 받고, 못하면 야단을 맞는 정도에 불과하지요.

그러나 크면서 경험했듯이 한 인간이라는 존재의 가치와 확인에 있어서 공부 같은 것들은 '아, 이것이 무엇인가?'라는 본질적인 물음과는 너무나도 막연하고 동떨어져 있습니다. 우리의 갈증은 훨씬 크고, 대단히 막막하고, 절실한 요구가 됩니다. 세상 성공의 설명들은 예를 들어 배가 고픈데 세수하라는 것과 같이 질문과 답이 맞지 않습니다.

김관성 하나님이 강자와 승자만 사랑하시는 것처럼 강조하는 메시지를 듣다가 사람됨에 대해 들으니 참 신선합니다. 승리를 전면에 내세우면서 너무 전투적으로 살지 않아도 되겠구나 하는 해방감도 느껴집니다. 성도의 삶은 할 수 있는 만큼 앞으로 나아가는 데 의의가 있다는 말씀이시지요?

박영선 총칼로 하는 전쟁이 가장 쉽습니다. 그냥 살아 내는 것이 훨씬 어렵지요. 인간에게는 혈연, 이웃, 내가 속한 사회 등 묶여 있는 사람들이 있습니다. 그것들은 나를 놓아 주지 않습니다. 하루 놀면 하루만큼 밑지게 되어 있습니다. 이렇게 무시무시한 책임 사회 속에서, 총성 없는 전쟁터에서 우리는 살고 있지요. 늘 마음에 긴장과 초조와 의심과 공포가 있습니다. '나는 무엇인가?' 우리는 여기서부터 죽어나는 것입니다.

그것을 이겨 내야 합니다. 어떻게 이길 수 있을까요? 선택이 없습니다. 내가 더 잘해야 한다는 요구 속에 있지만 더 잘할 실력이 없는 것이지요. 그러니까 힘들고 욕을 먹습니다. 그리고 욕을 먹고 후회를 해야 합니다. 욕을 먹고 후회하는 것이 정상적인 과정이라는 것을 빨리 가르쳐 줘야 합니다.

운동선수 감독들이나 예술 분야 감독들은 제자들에게 한 번도 칭찬을 안 한다고 합니다. 자꾸만 한계를 깨야 하기 때문입니다. 한계를 깬다는 것은 어제 50점을 요구했다가 50점을 하면, "60점 해라", "70점 해라" 하는 것입니다. 우리가 쫓아가는 것보다 목표가 계속해서 먼저 가는 것이지요. 우리 인생이 그렇습니다. 하루 고생하면 일주일 하라고 하고, 일주일 하면 한 달 하라고 하고, 끊임없이 같은 것을 반복하라고 합니다. 후회하고 회개하면 책임이 끝나는 것이 아니라 그러니 다시 해보라고 하는 것입니다. 술 끊고 담배 끊은 것이 끝이 아니고 인생을 살라고 합니다. 담배 끊는 것이 제일 쉽다는 말이 있습니다. 어떤 사람은 하루에 스무 번 담배를 끊는다고 하더군요. (웃음)

우리는 그런 누적과 경험들, 명분들을 수학공식 외우듯이 다 외웠습니다. 남의 경험이 아니라 내가 어떻게 하는지 배웠습니다. 지적 사회 시대에 살고 있는 우리는 교육을 통해 다 배웠습니다. 그런데 자기가 살아 보면 차원이 다릅니다. 내가 해야 하는 것이니까요. 끊임없는 후회와 체념이, 끊임없는 타협과 기적이 일어납니다. 아무것도 한 것이 없는데 무엇인가가 만들어집니다. 세상에서는 그것이 야비하거나 치사한 것뿐이지만요.

그런데 기독교는 그렇지 않습니다. 기독교는 우리 힘의 근원입니다. 우리가 사용해야 하는 특권과 모범 같은 것들이 있습니다. 우리는 세상 사람들과 동일한 후회와 같은 체념의 유혹 속에 살고 있지만 "내가 결정하고 내가 할 수 있는 것이 전부가 아니라 더 있다"고 믿습니다.

그것이 어떻게 믿어지는 것일까요? 포기 속에서, 체념 속에서 믿어지는 것입니다. 세상에는 옵션이 없습니다. 예수가 선택 조항에 나오지 않습니다. 그러나 교회에 나오면 예수로 시작하게 되는 것입니다. 우리가 선택하는 것이 아니라 예수께서 우리를 구원하시는 것이지요. 그런데 우리는 세상이 위협하는 현실에 떠밀려 의심하고 도망가곤 합니다.

김관성 목사님 말씀을 듣고 부름 받은 현재의 자리와 역할을 소중히 생각해야겠다고 결심하게 됩니다.

박영선 해리 포터 시리즈의 저자 조앤 롤링(J. K. Rowling)은 하버드

대학에서 졸업식사에서 이런 말을 했습니다. "내가 아닌 것을 하려고 하지 말자. 유명해지고 멋있어지는 것 다 집어치우고 지금 내가 붙잡힌 일에 올인하자."

'붙잡힌 일'이란 먹고사는 것입니다. 그러니까 그것부터 해야 하는 것입니다. 먹고살려면 부지런해야 합니다. 정의, 평화를 이야기할 틈이 없습니다. 자신에게 들이닥친 문제들을 하나씩 해결해 나가면서 '실패의 가치'를 알게 되지요. 실패는 가장 중요한 것이 아닌 것을 모조리 던져 버리도록 명합니다. '겉치장' 같은 것들을 손 놓게 만들어 버리는 것입니다. 진짜 살아 내야 되는 것입니다. 순서적으로 앞선 사람이 후손을 가르치는 일을 교육이라고 하지요. 무엇을 가르칩니까? 앞선 사람이 인생에서 배운 것입니다. 인생이 얼마나 구체적인지, 또 우리가 기대하는 것과 얼마나 다른지를 배웁니다.

"다 쓸데없어!"라는 말이 무슨 뜻입니까? 재미, 일회성 또는 특별한 것은 다 필요 없다는 말입니다. '쓸데'에 필요한 것, 즉 가장 필요한 것은 보편적인 것이지요. 우리는 보편적인 것부터 해야 합니다. 그것은 내 인생은 내가 책임져야 한다는 뜻입니다. 그리고 한 걸음 더 나아가서 내 이웃에게 고마운 사람이 되어야 한다는 것이지요. 교육은 이렇게 이루어져야 하는 것입니다.

김관성 어떤 자리에 부름 받든지 최선을 다하라는 게 기독교 정신이지만, 이 시대 젊은이라면 누구나 더 나은 자리를 차지하고 싶은 욕망이 있습니다. 교회가 이런 성공주의에 어떻게 대처해야 한다고 보십니까?

박영선 그런 마음이 있다면 먼저 유능한 사람이 되어야 한다고 생각합니다. 유능해지려면 은사가 있어야 합니다. 훨씬 많은 수의 사람들은 평범하게 살아갑니다. 그래서 아무한테나 훌륭해지라고 강요할 일이 아닙니다. 누군가 특별한 사람이 있다면, 그가 있는 것으로 모두에게 유익해야 합니다.

현실적으로 굶는 상황이 오면 그것으로 동기부여는 충분합니다. 굶는 마당에 별수 없으니까요. 나가서 지게라도 지게 됩니다. 하나님은 그런 식으로 우리를 몰아가십니다. 우리는 세상이 우리를 내몬다고 생각하는데 하나님이 우리를 가만두지 않으십니다. "스스로 속이지 말라 하나님은 업신여김을 받지 아니하시나니 사람이 무엇으로 심든지 그대로 거두리라"(갈 6:7). 이것이 틀림없는 하나님의 공의입니다. 일차적 원칙입니다. 하지만 우리는 심는 대로 거두지 않지요. 하나님이 은혜를 주시기 때문입니다. 일차적 원리를 먼저 도전으로 삼고, 거기에 기적을 만드시는 하나님을 기대해야 합니다.

김관성 기독교 신앙이 내세울 수 있는 가치가 있다고 보십니까?

박영선 인류 역사에서 가장 큰 영향을 미친 사상은 계몽주의입니다. 계몽주의를 앞세운 서구의 역사적 공헌은 바로 시민사회를 만든 것입니다. 시민사회란 자유에는 책임이 따른다는 것을 납득시킨 결과입니다. 서구 사회의 선진성이지요. 우리나라는 힘으로 경험하고, 힘의 균형을 갖고 싶어 발버둥을 쳐서 근대화가 일어났지요.

미국은 개인주의 사회입니다. 국가보다 개인의 자유를 강조합니다. 원인은 풍요 본성입니다. 나라는 경제와 국방을 기반으로 통제권을 가집니다. 땅이 큰 풍요로운 미국에서 이게 더 쉬웠습니다. 미국 사회는 유럽보다 일찍부터 어린이들에게도 권리를 줬습니다. 국가가 부모를 대신해 교육제도도 갖췄습니다. 노동력으로 어린아이들을 착취하는 시대에, 가정보다 국가가 더욱 공정하다고 본 것입니다. 이런 것은 시대의 필요였습니다.

기독교는 정치, 경제, 사회, 국방, 교육 모든 것의 근거가 됩니다. 바로 생명입니다. 생명으로 태어나야 정치가 있고, 경제가 있는 것입니다. 이것은 누구나 납득하는 사실이지요. 생명을 만들고, 운명을 정하고, 그 생명이 시작해서 운명으로 가는 그 기간을 하나님이 채우셔서 영광으로 완성하신다는 이해가 없으면, 즉 믿음이 없으면 그저 하루를 보내기 위한 일종의 일회용 편법에 불과한 것입니다.

하나님은 일을 하실 때 구원, 우리가 보통 말하는 '재창조'를, 창조를 폐기하지 않으신 채, 우리가 망쳐 놓은 창조 세계 속에서 만들어 가십니다. 연속성 있게 이야기하자면, 창조를 기어코 완성하십니다. 우리의 배반에도 불구하고 이루십니다. 불연속이 일어나야 맞는데, 창조가 우리의 거부와 타락으로 끝장이 나야 맞는데 하나님은 그렇게 하지 않으시고 그 거부와 배반 속에서 재창조를 만드셔서 창조를 결국 완성하십니다. 그러니까 이 세상이 이러면 안 된다고 해서 고치면 끝나는 것이 아니라 거기서 하나님이 일하심을 믿어야 됩니다.

이것은 복잡합니다. 어느 때는 혁명이 있어야 하고, 어느 때는 감수해야 합니다. 그러므로 이스라엘 역사에서, 최고의 인물인 모세가 애굽에 있던 이스라엘 백성들을 꺼내는 것과 예레미야가 이스라엘 백성들에게 바벨론에게 곱게 항복하라고 한 것이 동일한 것입니다. 그러니 예레미야가 얼마나 미움을 샀겠습니까. 이방 국가에 항복하라고 했으니 말이지요. 이스라엘이 항복하지 않은 이유는 "우리는 하나님을 믿는다. 하나님이 지실 리가 없다. 이스라엘이 바벨론에게 질 리가 없다"고 끝까지 믿었기 때문입니다. 그런데 하나님이 넘기신 것입니다. 하나님이 예레미야에게 이스라엘 백성들에게 가서 항복하라고 말하라고 하신 것입니다. 그러니 그 누가 예레미야가 선지자라고 믿었겠습니까.

우리가 현실 세상을 살면서 어떤 문제를 두고 바꿔야 한다는 것은 늘 옳습니다. 하지만 조건을 감내하고 완성해 나가는 하나님의 일하심은 사실 조화가 잘 안 됩니다. 그래서 각각 하나님이 맡기신 역할에 따라서 어느 쪽을 강조하는 입장에 서야 하는지에 대해 고민해야 합니다. 변화, 변혁을 강조하는 입장과 감수하고 "우선 자신이 해야 할 일부터 하라"는 말이 선지서에 다 나오니까 알 수가 없는 것이지요.

그러니까 해설을 잘하고 납득을 시키면 일이 끝나는 것이 아닙니다. 하나님의 생각은 우리의 생각보다 비교할 수 없을 만큼 높다는 사실에 대해서는 할 말이 없는 것입니다. 다 경악하는 것이지요. 우리는 누구나 성경을 읽을 때 구약부터 읽습니다. 그런데 구약에 대해 거의 잘 모릅니다. 아는 것이라곤 이것뿐이지요. "그것 봐. 그러니까 말 잘 들었어야지." 그러나 다만 실패가 아니라는 것입니다.

김관성 시대 정황상 젊은이들은 마음에 들지 않는 현실과 상황을 감수하기보다는 변화와 개혁을 요구하며 자기 의견이나 주장을 피력하기를 선호하는 것 같습니다. 성도는 사회의 불합리한 면들에 어떻게 대처해야 한다고 보십니까? 목사님은 젊은 시절 한국 사회의 모순을 어떻게 견뎌 내셨는지요?

박영선 '창조와 재창조'를 일관성 있게 이야기하면 결국 창조입니다. 하나님이 창조를 시간적으로 하시고 그다음에 쉬셨다고 하는데, 이때 휴식은 손을 놓은 그림이 아닙니다. 창조 세계의 모든 것에 생명을 주신 하나님은 그것을 유지하시고 보존하십니다. 그것이 끊어져도 세상이 돌아간다고 믿는 것이 자연신론입니다. "세상은 법칙대로 돌아간다. 신이 없어도 된다"는 것이지요.

세상은 법칙 속에 존재하는 것이 아니라 하나님이라는 인격 안에 있습니다. 그 하나님이 공의로우시다는 것이 가장 크게 드러나는 특징입니다. 공의는 혼자서 법칙으로서 공의로울 수 없습니다. 공의는 공의를 만드신 분이 유지, 보존하시는 방법이 성실하다는 것을 증명하지요. 초월적 인격자를 인정하지 않는 인간이 그것을 비인격의 법칙으로 바꾸려고 하는 것입니다. 그래서 우리는 마치 '창조와 재창조', '타락', '구원' 순으로 여깁니다. 하나님이 한 번 일하시고 실패하셔서 다시 개입하신 것 같은 느낌이 들지요.

하나님은 우리에게 선택권을 주셨습니다. 그 선택 중에 굉장한 것이 하나님을 외면할 수 있는 것입니다. 하나님을 외면한 것이 '부도덕'이나 '불순종'이라는 표현을 쓰면 맞지 않아 무인격적인 단어로 고정되지 않도록 '하나님 없음'을 택한 것이지요. 자존, 즉 자기가 책임질 수 있다고 믿은 것입니다. 그렇게 하니까 생명을 창조하신 이가 계속적인 유지와 보존, 그리고 자라남과 완성을 주시지 않으면 모든 있는 것이 소멸되어 썩더라는 것이지요. 그것이 죄입니다.

죄는 우리가 없으면 부패하기 때문에 사라집니다. 부패는 혼자 있지 않고 존재하는 것에 들어옵니다. 갖고 있는 것이 부패하는 것입니다. 갖고 있는 것이라는 존재는 하나님이 허락하지 않으시면 있을 수가 없습니다.

'하나님 없음이 무엇인가?'를 고민하고 하나님이 없어서 소멸되는 가운데 인간은 자기가 할 수 있는 것보다 더 큰 것을 갈망하게 됩니다. 영혼의 필요, 갈증을 느끼는 것이 인생인 것이지요. 거기에 하나님이 개입하십니다. 그래서 우리가 겪는 불만은 조직, 규칙, 명분, 지성, 양심으로 고칠 수 있는 것이 아니라 하나님이 들어오셔야 해결이 됩니다.

그러니까 분노하는 것은 누구의 잘못이 아니라 인간이 아무리 가져도, 가질 수 있는 최대치를 끌어모아도 답이 없다는 것을 증언하는 것입니다. 자기 자리를 지키고 잘 살아야 합니다. 단지 곱게 죽느냐 악쓰고 죽느냐의 차이일 뿐이지요. 죽음 앞에는 다 두 손 드는 것입니다. 좋은 나라에서도 죽습니다. 희망이 없는 나라에서도 죽으면 그만입니다. 역사, 세계에 대해 말해 봤자 소용이 없습니다. 각 개인에게 태양이 안 뜨면 큰일이지만 내가 죽어도 태양은 뜹니다. 결국 하나님이 답이십니다.

김관성 목사님도 강연이나 설교에서 '콘텍스트'나 '텍스트' 같은 단어를 자주 사용하시지요? 기독교 신앙이 담아야 할 진정한 '텍스트'는 뭐라고 생각하십니까?

박영선 '텍스트'란 우리 안에 담아내는 본질적인 내용이라는 뜻입니다. 인간의 본질적 내용이라면 인간성을 키우는 것입니다. 세상적인 명분에는 도덕, 윤리, 덕목, 능력 등이 있습니다. 그런데 세상에서는 이런 것들을 지키면 우월감으로 바뀌게 됩니다. 예수 믿는 사람들에게는 그것이 감사가 되어야 합니다. 우월감이나 자랑 대신 감사가 돼야 한다는 것입니다. 하나님이 이런 내용으로 나를 만들어 주셨음을 확인하는 것입니다. 우리가 이런 존재였음을 확인하는 것이 우리의 명예가 되는 것이지요. 세상에서는 하나님이 없기 때문에 그것을 한 사람과 그렇게 못한 사람으로 나누는 것입니다.

김관성 요즘은 홈스쿨링이나 대안학교 등 교육의 다양성을 추구하는 경향이 있습니다. 교회는 이런 환경에도 적응해야 한다고 생각하는데요. 이런 현상이 가속화되리라 보십니까?

박영선 관제화 또는 경직, 일치 같은 데서 융통성을 가져야 한다고 느낀 것 같습니다. 필요를 깨달은 것이지요.
포스트모던 사회를 시비 걸려고 보지 말고, 역사가 왜 이리로 밀려왔는가를 봐야 합니다. 무엇에 막혀서, 무엇에 상처를 받아서 이리 흘러들어 왔는가를 봐야 한다는 뜻입니다. 가장 중요한 것은 권위, 설득에 대해서 다 상처를 받은 것입니다. 권위도 말이 되고,

설득도 말이 되는데 삶의 문제에 대해 진정한 해결이 되지 않더라는 것입니다.

그러니까 권위라는 것이 갖는 가치, 설득이라는 것이 갖는 합리성을 겪은 각 시대, 특히 현대에 들어와서는 국가라는 이름에 모든 것을 걸었었지요. 국가가 부강해지고 선진화되면 혜택이 더 많아질 것이라 생각하는데 그렇지가 않다는 것을 다 알게 되는 것입니다. 국가가 부강해지고, 경제가 풍성해지면 죄도 더 풍성해집니다. 희한하게 답이 안 나옵니다.

우리는 지금 가치를 어디에 두어야 할지를 모르고 있습니다. 기독교에다 화를 내는 것은 사실 기독교를 향해 화를 내는 것이 아닙니다. "너는 답이 있어야 하지 않느냐"는 것입니다. 그 말을 알아들어야 합니다. 우리가 내는 답은 설명이 아닌 것입니다. 우리가 가치를 만들어야 하는 사회가 된 것입니다.

그런데 가치를 만들려면 불만, 불평을 아무리 해도 해결할 수 없다는 데까지 와야 합니다. 그것이 시민사회입니다. 결국은 책임을 지는 수밖에 없다는 것입니다. 책임을 진다는 것은 모든 불만들을 끝까지 고집 피울 수는 없고 타협해야 한다는 것인데, 그것이 정치입니다.

지휘자는 음을 내야 할 사람이 나오게 하고, 음을 죽여야 할 사람이 정지하게 하면서 음악을 만들어 내는 사람입니다. 모두가 다 자기 소리를 질러 대면 음악을 만들어 낼 수 없는 것입니다.

김관성 모든 가치가 상대화되어 버린 포스트모던 사회야말로 기독교 진리를 드러낼 기회인지도 모르겠습니다. 이 시대에 성도가 세상에 보여야 할 가장 중요한 신앙적 가치가 있다면 무엇인지요?

박영선 인간을 인간으로 존중해 주는 것, 인간의 운명에 대하여 낙관적인 생각을 하는 것입니다. 포스트모던이라는 말을 서구에서 사용하는 이유는 중요한 단어가 '모던', 즉 근대이기 때문입니다. 근대를 기준으로 그 앞은 전근대이고, 그 뒤는 근대 후기인 것입니다. 근대를 가장 중심에 놓고 보는 것이지요.
근대란 산업화입니다. 과학 문명이 생기고, 합리성이 강조되고, 계몽주의가 발전했습니다. 합리성이 모든 것에 있어서 제1권위가 되었습니다. 사실 기독교 역사를 따지면 그전이 권위의 시대였습니다. 근대에 들어오면서부터 과학 문명, 합리성이 권위가 되었지요. 중세가 그 권위를 권력으로 사용해 강요를 했습니다. 산업화 이후 근대사회에서 그것이 폭력이 되었다는 것을 알게 되었습니다.
인간은 강요를 참지 못합니다. 상대화가 된 이유는 명분에 자신을 묶지 말라는 뜻입니다. 나는 나라는 것입니다. "내가 나로부터 중심이 되어서 너를 외면하면 너는 없는 것이다"라는 것입니다.
그런데 한국 사회는 베껴 온 것이라서 포스트모더니즘이 무슨 뜻인지 잘 이해하지를 못합니다. 근대를 모르기 때문이지요. 우리는 근대를 부러운 눈으로 쫓아온 것입니다. 근대가 무슨 사고를 쳤는지는 잘 알지 못한 채 말이지요.

합리화가 손잡고 일을 많이 한 것이 학문입니다. 학문 속 논리성이 우선 되지요. 창조론도 이에 해당합니다. 철학자 니콜라스(Nicholas Wolterstorff))는 이렇게 말했습니다. "너희가 무신론에서 출발하는 것만 객관적인 것이 아니라 유신론에서 출발하는 것도 객관적이다. 신이 있는가 없는가는 객관적으로 검증되지 않는다. 할 수도 없다. 너희들이 무신론에서 출발해서 큰소리치고 유신론을 비난하는 것은 잘못된 것이다."

우리가 사는 시대는 인간의 존엄성이 말살되는 것만은 참지 못하는 시대가 되었습니다. 산업화의 과정에서, 도리어 인간은 기계가 아니고 노예가 아니라는 것이 강조되었습니다. 〈잇츠 어 원더풀 라이프〉(It's a wonderful life)라는 영화가 있습니다. 제임스 스튜어트(James Stewart)가 주인공으로 나온, 성탄절마다 방영되곤 했던 흑백 영화입니다. 성탄절 날 〈스크루지〉 영화를 보면 천사가 주인공을 데려와서 얼마나 나쁜 짓을 했는지를 보여 주었는데, 이 영화는 꼭 반대입니다. 이 주인공의 존재와 삶이 이 마을과 주민들에게 얼마나 중요한 것이었는지를 보여 주었습니다. 주인공이 아주 어려운 곤경에 처해서 다리에서 뛰어내려 죽으려고 하는데 천사가 와서 붙잡습니다. 그래서 자신의 존재와 인생의 가치를 깨닫고 돌이키게 만든 아주 좋은 영화입니다.

그런 식으로 우리 인생들이, 우리가 사는 시대들이 하나님의 손아귀에 있고, 하나님이 보이지 않게 일하신다는 낙관과 가치를 살려 주는 것이 가장 필요한 시점입니다. 교회는 다시 힘을 보여 주어야 합니다.

세상은 법칙 속에 존재하는 것이
아니라 하나님이라는
인격 안에 있습니다.

3부   교회를 희망하다

01 가르치고 배우되 그 내용을 넘어서십시오
02 설교는 영향을 미치는 것입니다
03 목회는 필요한 내용을 나눠주는 것입니다
04 우리에게는 하나님이 전제되어야 합니다
05 역사 속에서 감당할 몫이 있습니다

01
가르치고 배우되 그 내용을 넘어서십시오

김관성 합동신학대학원에서 신학생들을 가르치시다 2013년에 은퇴하셨지요. 스승이 부재하다는 시대에 오랫동안 감당하셨던 가르침의 사역을 어떻게 평가하십니까?

박영선 단순 교육자는 정보와 명분을 가르치는 사람입니다. 한편 스승은 본질이 달라지게 하는 사람입니다. '아, 인간이란 저런 것이구나' 깨닫게 해야 하는 것입니다. 그런데 그것이 시대마다 달라서 박윤선 목사님이 홍역을 치르신 일이 있었습니다. 70세 되시는 그분의 따님이 박윤선 목사님에 대한 책을 쓰셨는데, 자녀로서 받은 고통들에 대해 이야기해 놓았습니다. 아버지가 밖에서는 얼마나 유명했는지 몰라도 가족에게는 너무했다는 것이지요.

박윤선 목사님의 가치는 그 시대를 통해 봐야 하는데, 그분 시대에는 우리가 유교 유산 속에 있었습니다. 당시 훌륭한 것은 개인적인 희생을 하는 것이지 않았습니까. 사리사욕을 채우지 않을 뿐만 아니라, 거기서 하나 더 나아가 자기 살을 깎아야 점수를 얻었습니다. 제게도 남아 있는 정서인데, 자신은 물론 가족까지 희생시키는 자리까지 가야 속이 편했습니다.

우리 어렸을 때 교회 목사님들은 여름마다 휴가 때 기도원을 가셨습니다. 해변이나 휴양지에 간다고 누가 뭐라고 하지는 않지만, 마음의 부담감 때문인지 기도원에 가셨습니다. 그 모습이 우리에게 아직까지 남아 있습니다. 저도 가족들에게는 많은 부담을 준 아버지일 수밖에 없었습니다. 사양하고 사는 것, 덜 하고 사는 것이 그 시대에 대한 결벽증 같은 것으로 남아 있습니다. 그 시대에는 그것이 진심이고 신앙이고 보이는 증거였습니다.

박윤선 목사님이 당시 큰 스승으로서 보여 주신 가치는 시대가 요구하는 것을 다 하셨다는 것입니다. 그것이 우리 모두의 존경과 항복을 받아 냈지만 가족에게는 상처가 된 것입니다. 지금 와서 다시 이야기하자고 할 만큼 분이 안 풀려 있는 것입니다.

그러나 그렇게 함으로써 박윤선 목사님이 얻게 되신 지위는 당시대의 발언권을 가지게 된 것이었습니다. 박윤선 목사님은 '계시가 이해보다, 인식보다 앞선다'는 사실을 보수 진영에 가르치셨습니다. 이것은 매우 중요한 것입니다. 데카르트(René Descartes)가 이야기한 "나는 생각한다. 고로 존재한다"를 생각하면 존재가 생기는 것이 아니라 생각은 존재가 있기 때문에 하는 것이라고 하신 것입니다. "계시가 우선한다. 하나님이 먼저 있다"를 말씀하신 것이지요.

그러나 그때 우리가 그 말을 아무도 못 알아들었습니다. 그런데 박윤선 목사님은 당시의 윤리와 신앙에 있어서 가장 모범적인 분이셨기 때문에 우리가 무조건 좇아갈 수 있었던 것입니다. 그분이 이리로 가라 하셔서 그 말을 알아듣고 실제로 간 사람은 몇 없었습니다. 계시가 우선한다는 말을 제대로 이해한 사람이 몇 없었습니다. 저 같은 사람들에게까지 영향이 미치게 되어 그 길로 들어가고자 했었습니다.

한국 교회는 끊임없이 박윤선 목사님의 모범성을 가지고만 이야기해야 합니다. 《박윤선과의 만남》(전3권, 안만수, 영음사, 2013)과 같은 책에서는 마치 기인 같은 괴담들을 에피소드 형식으로 다루고 있는데, 그분의 가치는 그것이 아닙니다. "이 길로 들어가야 한다"고 한 그 길로 들어가야 되는데, 그분이 시대의 요구를 도덕적으로 만족시켜서 그 발언권을 얻어 내신 것입니다. 그분이 의도하신 것이 아닙니다.

언론에 계속 광고가 나오고, "박윤선 목사님이 이중인격이다. 잘한 것이 없다"는 말들을 합니다. 그런데 우리가 기억해야 할 것은 그분이 얼마나 위대한가가 아니라 그분을 통해서 하나님이 한국 교회에 어떤 유익을 주셨는가를 보는 것입니다. 그 가치를 감소시키거나 증가시킬 필요가 전혀 없이 말이지요.

사람들은 예수님이 말구유에 누워 계신다는 말을 이해하지 못합니다. 유진 피터슨은 "기적이 말구유에 있을 줄 누가 알았는가"라는 표현을 했습니다. 사람들은 그때로 돌아가서 왜 하필 말구유냐고 시비를 거는 것입니다. 그 시비를 당하게 되면 그다음에는 다들 쩔쩔매게 되고, '진작 가서 예수님을 호텔로 모셨어야 하는 건데' 하게 되는 것이지요.

비난받을 때는 그만한 사실이 있습니다. 가족에게는 만족스럽지 못했다는 것입니다. 따님이 그렇다 하시면 '그런가 보다' 하면 됩니다. '굉장히 고통스러웠겠다' 하면 됩니다. 하나님이 그런 조건 속에서도 일하셨고, 우리는 그분을 통해서 이런 유익을 얻었다고 하면 되는 것입니다. 그것이 교육이고, 그것이 스승입니다. 스승이 완벽해서 제자가 스승 뒤에 숨어 버리면 그는 참스승이 아닙니다.

김관성 큰 인물이나 스승 뒤에 숨지 말라고 하셨지만, 인맥이나 학연이 중시되는 한국 사회 풍조가 신학교에도 스며들었다고 생각합니다. 대형 교단을 선호하는 것도 같은 맥락인 것 같고요. 어쩌다 이런 상황이 됐다고 생각하십니까?

박영선 못나서 그렇습니다. 인간은 못났어요. 자기가 못났다는 것을 깨달아야 합니다. 탕자는 돌아오면서 "저는 더 이상 아들이 아닙니다. 품꾼의 하나입니다"라고 말했습니다. 그런데 아버지가 뭐라고 했습니까? "그것이 무슨 소리냐?" 너는 내 아들이고 그 신분은 취소될 수 없다고 말합니다. 우리가 어떤 사람들을 비난하는 이유는 "너희가 그토록 자랑하면 그것이 우리에게 유익이 되어야 하는데, 유익이 없을 뿐 아니라 오히려 불편하기만 하다"는 것입니다. 자랑과 원망은 아무런 유익도 도움도 되지 못한다는 것을 기억해야 합니다.

그러니까 칼빈(John Calvin)을 논하거나 더 올라가서 바울을 평하는 것입니다. 아볼로가 뭐고 바울은 뭡니까(고전 3:5). 바울이나 아볼로를 따라다닐 게 아니라 하나님이 예수 안에서 찾아오신 그 신앙을 지켜야 하는 것입니다. 그들은 길거리에 있는 교통표지판 같은 것입니다. 그것을 보고 내가 어디를 가는 것인지 확인해야 하는 것이지, 그 표지판에 앉아서 굶어 죽어서는 안 되는 것입니다. 칼빈을 논했으면 '칼빈으로 인해서 내가 이 길을 오게 되었다. 길을 잃지 않았다'고 생각해야 합니다. 그래서 칼빈 덕분에 온 곳이 어디입니까? 다시 돌아와서 인간성이지 않습니까. 성경이 계속 이야기하듯 하나님의 영광의 찬송이 되는 것은 무시무시한 것입니다. 생각해 보십시오. 신이 직접 인간으로 오실 수 있는 인간의 가치를 말입니다. 우리는 만족과 감사가 자기에게서 확인되어야 하는 것입니다.

그래서 가장 중요한 것은 시간이 걸리는 것입니다. 시간과 과정, 선택, 후회, 책임, 한계를 다 경험한 후 순종으로 귀결되는 이유는 내가 생산해 내는 것이 아니라 받아서 채우는 것이기 때문입니다. 하나님이 인간을 하나님의 형상으로 지으셔서 인격적으로 대등한 관계의 상대로, 아들로 삼아 주신 것입니다. 우리에게 마음껏 부어 주신다는 것을 아는 자리까지 말이지요.

김관성 우리가 다음 세대에 반드시 전달해야 할 신앙적 가치와 내용은 무엇일까요?

박영선 명분이나 자랑이 아니라, 실체를 구해야 합니다. 사랑은 단어나 개념이나 주장이나 구호가 아니라 사랑의 본질적 성질로 증명돼야 합니다. 사랑은 오래 참는 거라고 하지 않습니까. 상대방이 아무리 말이 안 되는 자라도 그의 존재를 인정해야 합니다. 하나님이 그를 만드셨기 때문입니다.

로마서 14장 4절은 "남의 하인을 비판하는 너는 누구냐"라고 말합니다. "그 하인을 꾸짖거나 비판하지 말라. 그 주인이 알아서 할 것이다"라는 뜻입니다. 그 주인은 모든 보편적 존재들을 위하십니다. 그래서 우리가 해야 할 일은 무례히 행하지 않는 것입니다. 고통을 인내하는 것입니다. 그래서 이 시대, 이 사회에서 기독교의 가치는 변명하거나 설명하지 말고, 우리밖에 할 수 없는 우리의 일을 하는 것입니다. 악을 악으로 갚지 말고, 선으로 악을 이겨 내야 합니다. 악을 삼켜 버리지 말고, 악은 악역에게 맡겨 버리고, 우리는 선한 역할을 해야 하는 것입니다.

우리는 늘 소수입니다. 하나님은 교회에 권력을 주지 않으십니다. 교회가 권력을 가지면 진정으로 가치 있는 것들이 외면되고 힘만 남습니다. 기독교 신앙은 강요되는 순간, 복음이 없어지게 되는 것입니다.

김관성 한국 교회가 전도를 강조할 때, 기독교 신앙을 열심 있게 소개하다 보니 강요하는 측면도 없지 않았습니다. 요즘은 방송 설교가 많아지면서 대중적으로 지명도 있는 목사님들의 영향력이 커지는데요. 간혹 틀린 말은 아닌데 전달하는 방식이 고압적이다 보니 모순으로 느껴질 때도 있습니다. 복음을 전달하는 방식도 기독교다운 방법이 있습니까?

박영선 예수님의 경우를 보면 모범을 보이는 것이 가장 기독교다운 방식으로 생각됩니다. 배신과 부인, 못난 것과 부족한 것을 다 감수하시지요. 나중에 제자들은 예수님의 모범과 자신들의 못난 것을 합쳐서 배움을 가지게 됩니다. 가르치는 것과 배우는 것은 어느 것이 우선하는지 알 수 없습니다. 적극적인 영향과 소극적이고 부정적인 영향도 나름 유익이 있습니다. 이 유익을 만드시는 이는 하나님입니다.

김관성 고함을 지르며 윽박지르는 목회자들도 나름대로 역할이 있다고 보시는 거군요?

박영선 그렇습니다. 가장 중요한 것은 하나님이 그들을 통해서 나아오는 자기 백성을 거부하시지 않는다는 것입니다. 그들의 수준 문제와는 다른 것입니다. 생명이 태어나는 것이지요. 가장 중요한 것은 구원이 있느냐, 은혜가 있느냐입니다.
이단의 특징은 구원이 있는 것이 아니라 신자를 잡아 온다는 것입니다. 다른 데서 태어난 하나님의 백성을 잡아가지요. 그들은 생명을 낳지 못합니다. 우리만 생명을 낳을 수 있습니다. 우리가 잘 기르는지는 알 수 없지만요.

김관성 저는 성숙하지 못한 방식의 설교를 들으면 거센 반응을 보이게 됩니다. 나는 그러지 말아야지 하고 끝나면 될 텐데 속을 끓이게 되지요. 하나님이 그런 이들을 통해서도 일하시고 생명을 만들어 내신다는 사실을 부정하고 싶은 마음이 있는 것 같습니다.

박영선 갈라디아서가 말하지요. "형제들아 사람이 만일 무슨 범죄한 일이 드러나거든 신령한 너희는 온유한 심령으로 그러한 자를 바로잡고"(갈 6:1). '바로잡으라'라는 것은 교정하라는 뜻이 아니라 회복시키라는 것입니다. 부러진 팔을 치료하고, 부목을 대고, 목에 고정하는 것, 즉 회복을 말합니다.

우리는 잘잘못을 쳐 내고 잘한 것만 남겨두어 기형을 만들어 버립니다. 기형이 무엇입니까? 우리가 가진 구성원이 100명이면 잘못한 사람을 자꾸만 솎아 내는 것입니다. 그런데 잘못할 때마다 솎아 낼 줄만 알지 고쳐 낼 능력이 없습니다. 고쳐 낸다는 것은 이어지는 2절 말씀처럼 "너희가 짐을 서로 지라"는 것이고, 그다음에는 "각각 자기의 일을 살피라 그리하면 자랑할 것이 자기에게는 있어도 남에게는 있지 아니하리니 각각 자기의 짐을 질 것이라"(4-5절)라는 말씀대로 하는 것입니다.

자기가 아무것도 되지 못하고 된 줄로 생각하는 것을 기만, 사기라고 합니다. 그런데 남의 짐을 나누어 질 줄 모르면 아무것도 아니라는 것입니다. 그런데 나중에는 자기의 짐을 지라고 합니다. 그러면 자랑할 것이 자기에게만 있다는 것입니다. 즉 잘잘못을 따지는 것이 궁극적 가치가 아니라 하나님의 목적은 '너'라는 것입니다. '너'가 남의 짐을 나누어 질 수 있는 것은 네가 너일 때만 그럴 수 있다는 것이지요.

그런데 우리는 집단 윤리 같은 것에 매여서 어딘가에 숨어서 '나는 어디에 속해 있다. 나는 누구를 존경한다'는 자기 자신에게 주어진, 아무도 대신할 수 없는 각 개인의 고유한 하나님의 목적을 외면하고 있습니다. 그것이 잘못인 것입니다.
각각 책임 있게 자신이 자라야 합니다. 조건과 환경이 나쁜 것이 꼭 나쁜 것은 아닙니다.

김관성 저는 잘난 사람들을 향해 감정이 격해지는 면이 있는 것 같습니다. 제가 그들처럼 유명하지 않아서 약이 오르는 모양입니다.

박영선 기독교가 값싸게 되지 않기를 바라는 마음이셨을 겁니다. 그래서 화도 나는 거지요. 하나님이 십자가에서 참으신 것, 능욕을 당하신 것을 우리가 다 잊어버렸다는 것입니다. 말로는 우리가 너무 멋있게 명분화되어서 순교, 십자가라는 말을 하지만 원래의 의미에서 다 변했습니다. 순교나 십자가라는 말이 굉장히 사치스럽게 바뀌었습니다.
십자가는 있을 수 없는 치욕이에요. 로마 시민권자들에게는 적용하지 않는 사형 제도니까요. 그 있을 수 없는 일을 하나님이 받아들이셨습니다. 그게 우리는 놀라워요. 그러니까 우리가 자책할 때 아무리 못났을 때라도 돌아올 수 있는 것입니다. 우리를 강요하지 않으셨는데 내가 돌이킨 것입니다. 십자가를 지셨단다. 거기서 내가 돌아설 힘이 생긴 그것은 강요한 것보다 더 큰 힘인 것입니다.

하나님이 일하시는 방법을 우리는 세상적인 권력이나 유용성으로 이해하고 싶어 합니다.
"설교는 값싼 게 아니다. 기독교는 이렇게 쉽지 않다"고 화를 내는 것이 맞습니다. 그러나 분노는 유익보다는 피해가 많을 수 있고, 당사자에게 명예가 생기는 것도 아닙니다. 하지만 필요한 일입니다. 더 잘하자고 격려하는 것이지요.

김관성 설교 비평뿐 아니라 원래 신학교와 목회 현장은 약간 엇갈린 관계에 있는 것 같습니다. 신학교 교수 사역을 하는 분들은 목회 이해가 부족하고, 현장에 계신 목회자들은 신학 지식이 약하다는 지적을 받지요. 각자의 역할이 따로 있는 거겠지요?

박영선 신학교 교수들은 지도와도 같은 존재입니다. 지도를 보면 내가 갈 길이 보이는 것이지, 지도가 사람을 컨베이어 벨트처럼 실어다 주지 않습니다. 마찬가지로 율법이 생명을 낳지 않고, 의를 낳지 않습니다. 율법은 길과 방향을 가르쳐 주며, 이리로 가라고 할 뿐입니다. 십계명의 중요성은 큰 목표와 방향을 보여 준다는 것입니다. 제 길을 가는지 못 가는지 알려 주지요. 그것이 계명의 가치이고 도덕의 가치입니다. 그것(지도, 율법, 계명)이 사람을 거기다 데려가지는 못합니다. 생명은 엄마가 낳는 것입니다. 신기하지요. 공부해서 아이를 낳는 것이 아닙니다.

여기에 한국 교회의 오해가 있습니다. 우리나라는 근대화 과정을 거치면서 교육과정에 있어 오해를 낳았습니다. 선진국을 쫓아가야 해서 서구 선진국의 과학 문명을 복사해 왔습니다. 교육도 복사한 것이지요. 근대화가 진행이 되었으니 인생도 인격도 복사하면 되는 줄 알았습니다.

그것이 지금 와서 보면 교육과 경제에서의 어떤 성취가 인간에게 가장 중요한 것은 아니었다는 각성을 갖게 했습니다. 무엇보다 인간성의 성숙이 가장 필요하다는 사실을 알게 되었지요. 교회적으로 보자면 신앙 이해에 있어 실제로 일어나고 경험되는 일들과 그것을 이해하여 정리하는 것은 다릅니다.

김관성 목사님처럼 좋은 스승을 두고 오랫동안 가르침을 받고 싶은 생각이 더욱 간절해집니다. 목사님도 영향을 받으신 스승이 있으실 텐데요.

박영선 저희는 세대가 변하는 지점에 있었습니다. 우리 어른들의 전통 속에서 현실적 도전에 답을 해야 했습니다. 넘어오는 데 있어서 어른들에 대한 추억을 뒤늦게 깨닫게 되었습니다. 그때는 전부 반감의 대상이었고, 돌아와 보니까 그분들의 가치를 알게 되었지요. 그 전통이 있어서, 즉 그 원칙이 있어서 제가 파격을 할 수 있었던 것 같습니다.

파격이라는 것은 원칙을 없애는 것이 아닙니다. 마치 무대 위에서 연기를 하는 것과 같습니다. 무대가 없으면 연기를 할 수 없잖아요. '그분들이 무대셨구나' 하는 것을 이제 알게 된 것 같습니다. 이제는 제가 그 무대가 되어야 한다고 생각합니다. 그 위에서 춤을 추든, 무엇이든 할 수 있도록 해야 하는 것입니다. 한 사회의 가치라는 것은 그 사회에서 평균적으로 어느 선까지 무대를 마련해 주었는가 하는것입니다.

저희 때는 로이드 존스에게 많은 영향을 받았습니다. 나중에 생각해 보니까 그 영향이 내용만인 것이 아니었습니다. 내용만 아니라 자세를 받은 것입니다. 로이드 존스는 대단히 분명합니다. 에베소서, 로마서, 산상설교 등 모든 설교가 가장 중요한 본질을 꿰고 있습니다. 그분이 하시면 새롭고 새삼스럽습니다. 셰익스피어(William Shakespeare)의 연극을 반복적으로 해도 그렇듯이 말이지요.

어느 날 제가 지나갔다는 것을 알게 되었습니다. 그분이 폐기되신 것이 아니라 그분의 어깨를 딛고 넘어갔다는 것을 알게 되었다는 뜻이에요. 그리고 그분이 하신 이야기에 덧붙일 것들이 생겼습니다. 그것이 후배의 특권입니다. 그래서 제 글을 읽으면, 제 뜻을 아는 데 그치지 않고 그때 들은 이야기가 더 확장되는 것을 알게 됩니다.

02
설교는 영향을 미치는 것입니다

김관성 부담스러워하시겠지만, 목사님은 뛰어난 설교자십니다. 좋은 설교, 잘하는 설교는 무엇이라고 보십니까?

박영선 부모는 자녀가 어떻게 크는지 잘 못 느끼지요. 그런 건 오랜만에 만난 먼 친척이 알아봅니다. 마찬가지로 설교자는 자기 설교로 교인이 크고 있는 줄 잘 모릅니다.
설교를 잘하는 사람은 보통 사람들이 이해하기 좋게 파바로티 (Luciano Pavarotti)다. 그런데 솔로는 혼자 잘 하는 것이니까 합창을 할 수는 없는 것입니다. 합창단보다 더 센 것은 청중이지요. 듣는 사람이 최고인 것입니다.

제가 많이 감동받는 합창곡이 히브리 노예들의 합창입니다. 그 설정이 기가 막힙니다. 포로라는 얼마나 무시무시한 조건 속의 합창입니까. 포로이고, 애굽입니다. 우리는 그들의 합창 소리를 듣고, 그들의 생애와 함성과 절망 속에서 비어져 나오는 생수를 마시면 되는 것입니다. 이 복을 알아야 합니다.

설교 때 가장 중요한 것은 자신이 하는 설교의 무게만큼, 자신이 설교하는 자의 실력만큼 하면 되는 것입니다. 그런데 별거 아닌 데서 큰소리를 내서 배리는 것이지요. 그것은 하나님이 정황을 주시고 하라고 하셨을 때만 하는 것입니다. 하나님의 말씀의 중요성을 사수하는 것, 반복되는 것, 두드러지지 않는 것에서 충성하는 것, 그만큼 하는 것이 잘하는 것입니다.

그래서 저는 설교를 짧게 하라고 합니다. 길게 하려면 대단한 실력이 있어야 합니다. 길게 하려면 주제에 따른 내용과 풀어 가는 과정에 있어서 긴 호흡을 가져야 합니다. 긴 호흡은 없고 긴 소리를 지르면 망하는 것입니다.

짧은 설교라는 것은 내용이 간단한 것이 아니라 내용을 짙게 만드는 것입니다. 전해야 할 본문적 설명이 주를 이루고 설명과 비유가 숨겨져야 합니다. 진주 목걸이를 꿴 줄은 보이지 않는 법입니다.

김관성 목사님의 설교를 평가하실 때 자신 있거나, 하고 싶은 설교

유형이 있습니까?

박영선 저는 설교를 한다는 것은 영향을 미치는 일이라고 생각합니다. 격려와는 조금 다릅니다. 한국 교회사 100년이 가지는 성경 본문에 대한 이해 부족을 극복해 보고 싶습니다. 성경 본문을 한 번 더 깊게 설명하거나 또는 최소한 풀이를 해 보고 싶습니다. 우리나라 설교는 무슨 본문을 택하든지 원래 우리나라가 가지고 있던 윤리 교훈을 이야기합니다. 그러니까 그 내용에 이야기가 없는 것입니다. 문맥을 이어서 거기 담긴 내용을 드러내 성경 본문이 어떻게 우리 현실과 일맥상통하는가를 붙드는 설교를 하고 싶습니다. 그것이 이제 제 책임이고, 거기에 모든 것을 집중하고 있습니다.

김관성 설교자로서 로이드 존스를 통해 자세를 배웠다고 하셨는데, 설교자의 자세는 무엇이어야 한다고 생각하십니까?

박영선 시대상, 즉 시대의 정황이라는 것이 있습니다. 시대상이 없으면 그 사람의 존재, 질문과 고민이 무엇인지 모르게 됩니다. 그러니까 도덕이나 명분을 논할 때는 시간성이 없습니다. 정직은 시간이 필요 없다는 뜻입니다. 정직해야 할 누가 어디서 말하느냐가 중요한 것이지요. 어떤 유혹과 위협 속에서 그 말을 해야 하는 것입니다.

로이드 존스는 다른 목회자들과 똑같은 조건과 책임, 상황에 있었습니다. 더 나을 것이 없는 그분을 하나님이 그 시대에 자유주의가 기독교를 위협할 때 마지막 제방같이 쓰셨습니다. 로이드 존스는 논리로 싸우지 않으셨습니다. 언젠가 학교 축제 때 로이드 존스와 버트런드 러셀(Bertrand Russell)이 유신론과 무신론에 대한 논쟁을 하기로 추천이 됐습니다. 그런데 러셀은 하자고 하고 로이드 존스는 안 한다고 했습니다. 꼭 지는 것 같고 꽁무니를 뺀 것 같지 않습니까? 사람들이 그 이유를 묻자 로이드 존스는 이렇게 답합니다. "하나님은 논쟁의 대상이 아니시다." 멋있지 않습니까.

웨스트민스터 신학교의 유명 교수가 영국에 갔다가 로이드 존스의 설교를 듣고 와서는 이렇게 말했다고 합니다. "설교자는 만들어지지 않는다. 태어나는 것이다." 설교는 은사인 것입니다. 그 말 속에 설교는 기술이 아니라는 뜻이 담겨 있는 것입니다. 기술이 아니라 그 사람의 매력과 능력인 것입니다. 밤낮 본문을 바꿔 가면서 내용 전체가 결국 하나님 편을 드는 것입니다. 신앙을 치켜세우는 것이지요.

그런데 설교할 때마다 그 자리, 그 청중, 각각의 다른 정황 속에서 온 사람들 앞에 대고 같은 소리를 반복할 수 있어야 합니다. 녹음기를 틀어 놓는 것이 아니라 다시 올라가서 다시 진지해지고, 다시 불을 뿜을 수 있어야 하는 것입니다.

사랑이란 단어는 상대가 없으면 추상명사입니다. 사랑한다는 말은 다 추상명사입니다. 누구를 사랑해야 하는데, 사랑할 수 있는 사람은 단 한 사람뿐인 것이지요. 다수가 사랑하는 것은 '인기'입니다. 사랑은 일대일입니다. 그래서 사랑을 할 때는 내가 원하는 사람이 그 입으로 나에게 사랑한다고 말해야 하는 것입니다. 그래서 사랑이라는 단어가 위대한 것이 아니라 그 사람이 사랑해서 위대해지는 것이지요.

그러니까 로이드 존스의 위대함은 그 자신에게 있습니다. 한 사람이 하나님을 증언하고, 거기에 자기의 인생을 걸고, 자기의 명예로 알고, 거기에 존재의 가치를 두는 것입니다. 로이드 존스만 그런 것이 아니라 누구나 다 그럴 수 있습니다. 그런데 하나님이 포스터에 이 사람의 얼굴을 실으셨을 뿐입니다.

김관성 설교자는 태어난다고 하지만, 여느 현대 직업인과 마찬가지로 탁월해지기 위해 치열한 공부와 훈련도 해야 할 것 같습니다. 어떻게 보십니까?

박영선 사람은 각각 독특성이 있습니다. 각자의 매력은 굉장히 애매해서 각자가 다 자기 마음입니다. 이야기를 하고 교제를 하면 같이 웃어도 먼저 웃는 사람이 있고, 나중에 웃는 사람이 있고, 안 웃는 사람이 있습니다. 그것은 누가 잘하는 것이 아니라 그 사람의 독특한 매력이 되는 것입니다. 수많은 별들이 다 빛나는 것같이 하나님이 한 인간에게 주신 인간의 고유한 영광입니다.
이 세상은 경쟁을 시켜서 모두를 자책하고 자폭하게 만듭니다. 1등이 제일 값진 것이 아니라 2등이 멋있는 경우가 많습니다. 1등 한 사람에게 밥 사라고 하고 그 우승을 나눠 먹으면 되는 것입니다. 그런 일들에 대한 가치, 명예, 특권들이 자꾸 제한되고, 그것을 저주하게 만드는 사회입니다. '2등 열 번 해도 소용없고 1등만 해야 한다'는 생각은 정말 잘못된 것입니다.
그리고 이상하게도 이런 교제는 잘난 사람끼리는 하지 않습니다. 우연히 만난 고등학교 동창이 좋은 점이 무엇입니까? 약점을 다 안다는 것입니다. 아무도 좋아하지 않지만 그가 들어와 있는 것이 재미인 것입니다. 우리가 가진 약간의 비아냥을 그가 악역을 맡아 소화해 줍니다. 우리를 의인으로 만들어 주는 것입니다. 존재, 관계, 시대, 삶의 조건과 때, 정황 같은 것이 중요한 조건이 되어 주지요. 그래서 이겨야 이기는 것이 아닙니다. 받아들이고 도망가지 않는 것이 가장 중요합니다.
하나님의 일하심의 신실하심과 위대하심을 산업화, 경쟁에 의해 희석해서는 안 됩니다. 교회는 그런 시험과 오해와 유혹 앞에서 더 민감해야 합니다. 설교는 잘할 수가 없습니다. 그것은 하나님 마음이기 때문이지요. 설교를 마치고 늠름하게 내려오면 다 속습니다. (웃음) 내려왔으니 걱정하지 않아야 합니다. 알아들을까 모를까 걱정하지 마십시오.

김관성 그래서 남의 설교를 따라 하며 흉내를 내다가는 망치기 쉬운 것 같습니다. 설교나 사역을 영향받은 대로 따라 하는 것은 과연 문제가 있는 겁니까?

박영선 설교자는 우선 말을 배워야 합니다. 말은 외우고 흉내 내야 합니다. 모국어도 단어 하나를 하려면 1만 번쯤 반복해서 들어야 한다고 합니다. 외우고 반복해야 말이 되는 것이지요. 말을 할 수 없으면 깊은 생각도 할 수 없게 됩니다. 생각은 있는데 생각을 어떻게 구성할 수 없습니다. 그래서 외워야 합니다. 문장을 만들어야 합니다. 그것이 내용이 되고 사상이 되는 것입니다. 거기서부터는 흉내를 넘어 이해하고 창조의 영역이 됩니다.
한국 교회는 아직 이 단계에 걸려 있습니다. 끝까지 가 줘야 합니다. 일단 말이 통하기 위해서 그런 과정을 겪어야 합니다. 사상을 담는 문제에 있어서는 "누가 이렇게 말했어" 해서는 안 되고 자기 인생에서 순간순간 이때는 무슨 일을 했고, 왜 그랬는지, 결국 어디로 가야 하는지 설명할 수 있어야 합니다.
다른 사람의 설교에 영향을 받고 따라 하는 것은 잘잘못의 문제는 아니라고 봅니다. 설교도 자신이 이해한 식으로 표현하면 자기 설교입니다. 자신의 경험과 관점에 따라 어디를 강조할 것인지에 따라서 자기 설교가 되는 것이지요.

김관성 하지만 영향받은 설교를 따라 하는 풍토에서 설교의 표절 문제가 부각되지 않았습니까. 저도 설교의 발전 과정으로서 좋은 설교를 참조하고 익히는 것을 '표절'로 몰아서 강하게 비판하는 데는 반대합니다. 그렇게 따지면 우리나라 설교자 90퍼센트가 표절이라는 결론이 나니까요. 우리 교회 상황에 맞추고 제 방식대로 바꿔서 전달한 것이라면, 다른 이의 설교를 참고해도 표절의 죄책감에서 면제되는 건가요?

박영선 우리나라식 완벽주의입니다. 책망하고 자책하는 건 아무 쓸데 없습니다. 설교란 내용 이상으로 설교자의 것입니다. 실제로 자신의 이해와 자신의 입으로 한 모든 설교자의 것입니다. 설교는 양식과 같아서 재료가 좋아야 하고 맛도 있어야 합니다. 재료는 얼마든지 사올 수 있어야 합니다. 맛을 내는 것은 각자의 실력이지요. 재료를 만들지 않고 사왔다고 비난하는 것은 넌센스입니다.

김관성 교회의 문제는 강단의 문제라고 흔히 말하지 않습니까. 목사님은 현 시대에 한국 교회 강단에서 더욱 강조되어야 할 메시지는 뭐라고 생각하십니까?

박영선 '죄를 꾸짖지 않는다'는 사실을 짚어 봐야 합니다. 이 문제는 우리 한국 강단만의 문제는 아닙니다. 부흥을 맛보면 마치 연예인 집단같이 됩니다. 인기를 좇게 되지요. 부흥은 하나님의 전적인 은혜에 의한 열매입니다. 서로가 적극적인 열심을 가지고 있고, 죄인들이 교회에 회개하러 와서 기존 교인들을 감격시킵니다. 기존 교인들이 전도해서 죄인들을 회심시키는 것 이상으로 회심한 초신자들이 매너리즘에 빠져 있는 교인들을 거꾸로 도전하는 것입니다. 결국 서로가 서로에게 감격을 주는 것입니다. 그때는 서로가 서로에게 무엇을 해도 좋습니다. 모이기만 해도 좋고, 모이면 즐겁고, 다 잘됩니다.

그런데 어느 날 부흥이 멈춥니다. 어느 정도 나오면 정리하고 가르쳐야 하는 시기가 옵니다. 그러면 태어난 생명들이 자기가 누구이고, 어떤 길을 가야 하며, 주어진 조건에서 어떤 일을 해야 하는가, 무엇으로 자기를 확인하며, 현실을 이해하고, 결정해야 하는가에 대한 질문이 구체적으로 나와야 합니다.

죄를 벗어난 인생은 어떤 책임과 영광을 가지는지 가르쳐야 합니다. 맛을 낸다는 것은 청중의 현실적 필요에 응하는 것인데 여기서 현실적 필요라 함은 지금의 정황이 요구하는 영적 이해와 납득을 말합니다. 그러나 이 구원 이후의 인생 구원받은 자의 현실을 답할 수 없어서 옛날 것을 반복합니다. 가장 쉬운 방법이 구원의 감격을, 그때 많이 했던 선포나 간증들을 자꾸 다시 하는 것입니다. 다시 해서 옛날을 연장하고 싶어 하지요. 그러나 아기를 낳는 것과 기르는 것은 전혀 다른 문제입니다.

죄 사함과 죄를 짓지 않는 문제를 넘어 구원받은 신앙인의 현실적 존재의 책임을 가르쳐야 합니다. 그것은 임무보다 큰 지위와 명예에 관한 것입니다. 하나님께 자신을 순종시키는 법과 반복되는 일상이 가장 큰 신자의 증언이 담기는 무대요 자리임을 가르쳐야 합니다. 그것은 성실해야 하는 것이며 동시에 위대하고 매우 재미있는 것입니다.

김관성 재미가 없다고 하셨는데요, 그렇다면 지금 한국 교회 강단에서 재미있게 들리는 메시지가 있으신지요?

박영선 재미가 없는데 큰 비밀이 있습니다. 하나님이 우리를 죄인으로 태어나게 하셨다는 것입니다. 한 존재를, 운명을, 인생을 살게 하시는데, 그 인생은 역사 속에서 살아가게 되어 있습니다. 우리가 그 역사의 어느 시점, 어느 지역에 풍덩 들어오는 것이지요. 우리는 지금 한국에서 살고 있습니다. 한국의 역사적, 정치적, 사회적, 정서적 유산은 얼마나 복잡합니까. 지금도 우리는 미국, 중국, 일본, 북한 등 다양한 국제적 관계 속에 살고 있습니다. 마치 겨울이나 비 오는 날처럼 어떻게 할 수 없는 조건이지요. 거기서부터 시작합니다. 다시 말해 우리가 죄인이라는 조건에서 시작해야 하는 것입니다.

그러니까 '한국 교회가 여기까지 와서 지금 시작하는 이 모든 조건들을 긍정적으로 받아들여서 여기서 무엇을 어떻게 해야 맞는가?'라는 생각을 해야 합니다. 우리는 외적 조건들, 즉 우리가 바꿀 수 없는 조건들을 바꾸려고 합니다. 그래서 더 크게 고함을 지르고, 더 분명한 것을 선포하면서 이 문제를 해결할 수 있다고 믿습니다. 쉽게 이야기해서 분별력이 없는 것입니다.

단, 언제나 그렇듯이 교회 안에 계속 새로운 생명이 출생하듯 어느 교회에서인가는 틀림없이 부흥이 일어납니다. 전체 분위기가 아니라 작은 부흥들, 즉 작은 회심들이 계속 일어납니다. 그래서 말도 안 되는 설교가 어딘가에 있는 어떤 사람에게는 쓰이는 것입니다.

그러나 지금 시대적, 현실적 상황은 다릅니다. 한국 교회가 가졌던 진심, 부흥과 성공이 전부가 아닙니다. 우리 인생은 유아기와 청년기, 장년기, 노년기를 삽니다. 이렇게 한 번 살고 쓰러지는, 순환하고 반복하는 것이 아니라 나아가는 것입니다. 나이가 들어 힘이 빠지고 쓸모없어지다가 죽음으로 마치는 것이 아니라 발전하는 그 연속선상이 결국 영생이 되고, 영광으로 약속된 길임을 확인시켜 주어야 합니다.

여기까지 온 나에게는 현실적인 임무가 있습니다. 전체 구도와 안목이 필요합니다. 한국 지도를 만들려고 해도 동서남북이 필요한

데, 자기가 태어난 골목이 전부인 사람은 그마저도 필요 없습니다. 약국 옆에 정육점, 그 옆에 중국집 하는 식으로 뻔하기 때문이지요. 쉽게 말하면 한국 사회, 한국 교회에서는 오른쪽, 왼쪽은 있어도 동서남북이 없다는 뜻입니다.

돌아보면 이 모든 것은 기독교가 가지는 전 역사를 관통하고, 전 세계를 아우르는 하나님의 크고 실제적인 목적이 완성을 향해 가고 있는 것입니다. 전 인류와 전 세계 속에 각각의 지위로 태어나 도무지 서로 납득할 수 없는 거리와 간격 가운데서도 그 완성을 향해 간다는 것이지요.

이런 거시적 이해와 방향과 때 같은 필요를 알지 못하면 무슨 이야기를 할 수 있겠습니까. 이해니 방향이니 때 같은 낱말놀이에 불과합니다. 그 단어들은 낱말일 뿐 문장 하나도 만들지 못합니다. 그런데 어떻게 스토리가 있겠습니까. 스토리가 없으면 다룰 본문이 없는 것이지요.

한 사람이 하나님을 증언하고,
거기에 자기의 인생을 걸고, 자기의 명예로 알고,
거기에 존재의 가치를 두는 것입니다.

03
목회는 필요한 내용을 나눠주는 것입니다

김관성 담임 목회자로서 목사님은 어떤 성향이십니까? 부사역자들이 알아서 잘할 수 있도록 기회와 자유를 주시는 편인가요? 아니면 알아서 아무것도 안 할까 봐 자주 점검하시는 편인가요? 남포교회의 사역자 문화는 어떤지 궁금합니다.

박영선 저는 강요하고 몰아대는 소모품이 되는 조직처럼 하기는 싫었습니다. 각자의 층을 넓혀 줄 생각을 했습니다. 나중에 독립을 하고 책임자가 되어야 하니까요. 책임자로서의 삶은 자기 혼자만 책임을 지는 것이 아니라 같이 일하는 모든 사람을 책임져야 하지 않습니까. 그래서 가장 중요한 것이 맷집입니다. 맷집이란 상대를 파악하고 이해하기 위한 시간을 기다리는 것을 말합니다. 신경질적으로 예민해지면 사람을 이해할 수 없습니다. 기다려 주는 경험이 있어야 합니다. 저는 그 경험이 적습니다. 한국 사회는 각박했거든요. 그래서 저는 기다려 주려고 노력합니다.

또 하나 특별한 제 이해는 이 사람은 무엇을 할 줄 알고, 무엇을 할 줄 모른다는 것을 빨리 식별한다는 점입니다. 그래서 할 줄 모르는 것은 요구하지 않습니다. 아무것도 할 줄 모르는 사람도 경험해 보았습니다. 그런데 나중에 보니까 그 사람의 역할이 있더라고요. 거의 순진함 자체였지요. 순진함에는 그 자체의 고집이 있어서 그도 한몫을 했습니다. 그들과 아직도 관계를 즐기고 있습니다. 재밌게 만나고 어울리는데, 그들은 아직까지도 그때와 같이 순진한 고집이 있습니다.

김관성 남포교회 부사역자들과는 오랫동안 함께 사역하시는 것 같습니다. 목사님이 고수하시는 리더십 때문인가요?

박영선 오래 있는 사람들의 실력입니다. 만만치 않은 사역이니까요. 가장 크게 일어났던 부작용은, 제가 교역자 회의를 거의 하지 않아 목회를 대강 하는 것으로 비친 데서 일어났습니다. 왜냐하면 거의 다 제 몫이었기 때문입니다. 부사역자들이 도와줄 일은 최근

에야 생겼습니다. 그들이 챙겨 주기 시작하면서 누구의 도움을 받을 수 있다는 것을 처음 알게 되었습니다. 그동안 저는 혼자 다 했습니다. 물론 하기 싫으면 안 하기도 했지만요. 부사역자들이 제 모습을 보고 개척해 저처럼 하다가 한 번씩 다 혼이 났습니다. 그렇게 하면 안 된다는 것을 아는 데 몇 년씩 걸리고, 한 번씩 교회가 뒤집어졌습니다.

모두가 말하는 열심과 성의가 중요합니다. 제 경우에는 그 면이 약간 감추어져 있습니다. 굉장히 곁을 안 주는 사람이거든요. 몸이 약해서 같이 시간을 보내는 것이 좀 힘이 듭니다. 어디 몰려서 갈 수 있는 힘이 없습니다. 하지만 그것은 저만의 독특한 경우이고, 저를 모델로 삼는 것은 굉장히 곤란합니다. 다만 그 속에서도 하나님이 일하신다는 것을 배웠지요.

김관성 한 교회에서 오랫동안 함께 사역하다 보면 인간적으로 끈끈한 정이 생기지요. 간혹 인간적인 신뢰가 끊어져 마음이 아픈 경우도 생깁니다. 사역자들과 생긴 갈등으로 힘든 일이 적지 않은데 어떻게 하면 좋을까요?

박영선 리더에게는 여러 가지 유형이 있는데, 창조적인 사람이 있고 관리적인 사람이 있습니다. 문제의 핵심은 스스로 생산자든 유통자든 필요한 내용을 나누어 줄 수 있어야 한다는 것입니다. 내가 꼭 생산을 해야 하는 것이 아니라 유통을 시켜야 합니다. 우리 시대는 이미 지역 교회라는 개념이 없어졌잖습니까. 좋은 교회를 가고, 상당수가 교회를 돌아다닙니다. 어느 교회에서 실망해서 나왔다는 것은 배울 만큼 배웠다는 것이지요. 더 배우고 싶다는 말입니다. 그다음 관심사로 옮길 수 있습니다. 아니면 한 교회에서 여러 목사님을 섭렵합니다. 옛날보다 훨씬 기회가 많습니다.

겁을 낼 것이 하나도 없습니다. 한 사람이 한 몫을 하는 것입니다. 하나 하기 바쁩니다. 낳아 주었든지, 길렀든지, 각성하게 했든지, 계기가 되었든지 그 사람에게 더 요구하지 마시고 쑥 나와 주십시오. 이제 우리 신앙인들은 자체 내에서 고급한 교제를 나누어야 합니다. 누구를 비난하는 것도 피해야 합니다. 좋은 책을 가지고 같이 이야기를 나눌 때도 교제를 즐기는 쪽으로만 가지 말고 현실에 뿌리를 박아야 합니다.

저는 유진 피터슨이 좋습니다. 유진 피터슨이 《다윗: 현실에 뿌리 박은 영성》(IVP, 2009)이라는 책을 냈습니다. 제목을 번역한 사람이 대단합니다. 유진 피터슨은 현실과 보통 이야기하는 구원, 신앙이라는 것이 하나로 뭉쳐져 있다고 책에서 말합니다. 여기에서만 일이 일어나는 것이 아니라 저기도 하나님이 일하시는 곳이라고 합니다. 유진 피터슨의 자서전을 읽어 보면 굉장히 재미있습니다. 그런데 아무나 보면 안 됩니다. 모르고 보면 완전히 시험에 듭니다. (웃음)

유진 피터슨은 미국 내에서는 주류에서 배척당한 사람입니다. 미국계의 주류는, 목소리로 주류는 근본주의자들입니다. 근본주의자들은 우리가 실컷 본 바와 같이 현실을 외골수로 삽니다. 그들이 발언권을 가지고 있습니다. 그런데 그것만이 최선이 아니거든요. 실제적으로 하나님의 일하심의 역사적, 시간적, 영역적 구체성을 채워 나가야 하는데 명분에 걸려서 목숨을 버립니다. 그것은 내용에서 빈약해집니다.

거기서 유진 피터슨이 왕따입니다. 유진 피터슨은 현실을 자꾸 담기 때문이지요. 현실을 담으면 메시지가 모호해지거든요. 근본주의자들의 특징은 화면을 만들지 못한다는 것입니다. 자막만 있을 뿐이지요. 자막에는 설명만 있습니다. 이것은 중요한 문제입니다. 화면을 만들지 못하면 문화가 없습니다. 문화가 없으면 가난해집니다. 여기서 문화란 내용을 담는 그 시대의 정서와 형식을 말합니다.

예수를 믿고 신앙생활을 하는 것은 정신세계와 구체적인 현실을 가져야 합니다. 성경에는 구약의 역사가 있고, 예수님의 생애가 있습니다. 그래야 서신서가 가능하지 않습니까. 그렇게 되어야 하는데 한국 교회는 거기까지 못 온 것입니다. 그런 것들이 필요하다는 것을 지금 우리가 실컷 느끼는 것입니다.

사람들은 이 모든 것을 하나의 명분, 기대에 자꾸 더 실으려고 합니다. 한 차에다 배추 백 포기에서 천 포기까지 담는 것입니다. 배추, 무, 파, 쌀 등의 물품이 큰 범주로 말하면 생필품, 농산물로 바뀌어야 합니다. 그렇게 담아야 합니다. 그런 단어들로 못 넘어오고 있는 것입니다. 넘어올 때가 되었습니다. 이제 드디어 알게 됩니다. 배추와 무는 없고 생강만 한 트럭 오면 난감합니다.

생각이 아니라 현실이 먼저 가야 합니다. 현실을 보고 생각을 가지게 되는 것인데, 우리는 생각을 먼저 카피하고 현실이 뒤에 왔습니다. 경기는 없고 해설만 있는 것입니다. 이제 보니까 현실에 대한 이해가 없습니다. 명분이 앞서도 한참 앞서 나가 있습니다. 그래서 현실을 카메라에 담을 수가 없는 것입니다. 우리가 하는 실력만큼이 우리 것인데, 명분보다 실력을 끌고 올라와야 하는 것입니다. 그래야 숨통이 트이고, 삶에 대해 기대가 있고, 신앙에 대해서 여유가 생깁니다.

김관성 목사님은 리더가 갖춰야 할 고유한 성품이 뭐라고 생각하십니까?

박영선 관용과 분별이라고 생각합니다. 한 인간의 가치는 유용성이나 도덕성만으로는 판단할 수 없습니다. 또한 자기 시대와 사회에서의 책임도 우리의 기대와 능력의 법으로는 벗어나는 일입니다. 신앙인의 복은 조건과 이유가 없는 곳에도 하나님이 은혜를 담는다는 데 있습니다. 긍정적으로 모든 사람과 경우를 기다려 줄 수 있다는 것입니다.

김관성 모두가 리더가 되려고 하지만 리더의 가장 큰 덕목인 책임감은 부족한 것 같습니다. 리더는 어느 부분까지 책임을 져야 합니까?

박영선 책임을 지는 것은 문제를 해결하는 것이 아닙니다. 그때, 거기에서, 어떤 결정을, 내가 해야 하는 자리에 있는 것입니다. 내 인생이 가장으로서, 자식으로서 지위를 벗어날 수 없는 것입니다. 무슨 결정을 해야만 하는 것이지요. 그 결정을 어떻게 하는지는 2차적인 문제이고, 언제 하는지도 2차적인 문제입니다. 본인이 결정을 해야 하는 본인의 일이라는 것을 먼저 알아야 합니다.
거기에는 여러 요소가 작용합니다. 부모의 마음, 자식의 마음, 형편, 능력, 서로의 관심사 같은 것들이 다 작용됩니다. 대부분의 사람들은 자꾸 뒤로 미룹니다. 어떤 결정을 하든 겁나기 때문이지요. 답이 아닌 것을 압니다. 그러나 떠밀려서든 언젠가는 해야 합니다. 해서 잘되면 다 잊고, 안되면 다 뒤집어써야 합니다. 뒤집어쓰십시오.
책임을 지라는 것은 잘못한 것을 보상하라는 것이 아니고 욕을 먹으라는 뜻입니다. 그렇게 자꾸 나가십시오. 지금 나이, 지금 형편에서의 결정이 아까 이야기한 현실입니다. 그 현실이 계속됩니다.

애들이 크면 문제도 커집니다. 결정도 큰 것을 해야 하고, 짐도 커집니다.

우리는 모두 원하든 원치 않든 결정자가 됩니다. 자기 인생은 자기 것이기 때문이지요. 누구를 흉내 내는 것도, 누구의 말에 나를 위탁하는 것도 내 결정입니다. 리더라는 말을 꺼내서 환상적인 인물을 창조해서는 안 됩니다. 그런 환상적인 인물은 하나님이 필요하시면 그 시대에 주셔야 합니다.

전체적인 통찰이 없어서 우리는 바보 같은 싸움을 할 때가 있습니다. 기독교 역사, 현실, 각 개인의 실존, 하나님의 일하심에 대한 큰 통찰이 없어서 그때마다 아무것도 아닌 일에 분노와 의심과 불안을 자꾸 담아서 서로 충돌하는 것입니다. 인생에 의지할 만한 것이 없기 때문이지요. 위로를 받을 것이 없기 때문입니다. 그러니까 각각 자신의 고난과 고통과 억울함을 분출하기만 하고 어디로 가야 하는지, 어떻게 확인할 수 있는지, 어떤 식으로 납득해야 하고, 기대할 수 있는지 아무도 알지 못하는 것입니다.

김관성 담임 목회를 시작할 때 막막한 마음에 선배 목회자들을 찾아가 자문을 구한 적이 있습니다. 목사님은 목회의 선배로서 후배들에게 어떤 지침을 주시는지요?

박영선 선배는 먼저 간 사람입니다. 그러니까 후배는 선배에게 업혀 가면 됩니다. 선배가 가는 데까지, 말하자면 공짜로 가는 것이지요. 선배는 평생에 걸쳐서 간 것을 자기는 20년 만에 가는 것입니다. 선배가 길을 닦아 놓아서 쉽게 가는 것입니다. 길을 만든 사람에게 업혀 가서 더 넘어가게 만드는 것이지요.

선배들은 자신들이 이렇게 길을 닦고 후배들이 이 길을 쉽게 오고 건너가는 줄 모르고 자기가 봉사한 이야기만 할 수 있습니다. 보통은 그렇게만 이야기를 하지요.

요즘 KBS에 〈뿌리 깊은 미래〉라는 프로그램이 방영됩니다. 옛날에 있었던 이야기들을 다루는데, 경부고속도로를 깔았던 이야기, 파독 광부들 이야기 등 참 좋습니다. 예전 감동을 불러일으켜 국민들에게 자긍심을 불어넣어 주는 것 같습니다.

"방향은 길을 가르쳐 주지 않는다"는 유명한 말이 있습니다. "저기가 동쪽이다" 하는 것은 가르쳐 주지만 동쪽으로 가려면 어떤 길로 가야 하는지 가르쳐 주지 않습니다.

이 이야기가 언젠가 우리나라 다큐멘터리 프로그램에 나왔습니다. 바람이 제트기류를 몰고 반대로 불어 사하라사막의 모래가 그 바람을 타고 중국에 와서 황하를 만듭니다. 이름이 '황하'인 이유는 누렇기 때문입니다. 사막에 있던 모래가 바람을 타고 와서 새 흙을 쌓아 땅을 비옥하게 해 줍니다. "저기서 날아온다"와 거기까지 가는 것은 이야기가 다릅니다.

저는 방향을 이야기하는 사람들 속에서 자랐습니다. "저기가 올바른 길이다" 하고 걸어갔지요. 중간에 먹기 위해 쉬어야 하는 것도 알게 되었고, 잠을 자야 하는 것도 알게 되었습니다. 방향은 일직선인데 길은 일직선으로 나지 않았습니다. 가려면 우회를 해야 했지요. 겨울이 되면 과동을 해야 했습니다. 그런 것들이 대동여지도같이 된 것이지요. 길을 그리기 시작한 것입니다. 모두가 가야 합니다. 길을 보존하는 일이 아니라 가야 하는 것이지요.

김관성 교회의 리더는 방향과 때를 제대로 알고 있는 사람이어야 한다는 뜻으로 이해해도 되겠습니까?

박영선 리더가 갖춰야 할 가장 중요한 덕목, 자질이 방향과 때입니다. 때는 무엇입니까? 타이밍입니다. "일어나라. 가자", "오늘은 여기서 쉬자" 하는 때 말입니다.
그러나 때를 모르니까 늘 "더", "더", "더"만 있습니다. 가지 않고 그 말만 하려면 끝없이 지극한 소리만 해야 합니다. 그래서 현장감이 없어집니다. 끝없이 표정 없는, 사심 없는 얼굴이 됩니다. 만나서 이야기를 해 보면 그가 현장에 없었다는 것이 너무나 분명해집니다. 하얀 고무신을 신고 있거든요. 그 신으로는 산에 오르지 못합니다. 가면 안 되는 것이지요. 고무신에 새끼줄이라도 매고 있어야 하는 것입니다.
한 사회에서 각각의 역할들은 분별과 유익을 기본 이해로 가져야 합니다. 그렇지 않으면 배타적 차별과 비난만 남게 됩니다. 무엇 때문에 그 말을 하는 것일까요? 고무신을 신은 그 사람은 건반의 한 음입니다. "나는 뭐는 아닙니다"라고 말할 필요 없습니다. 그 음을 치면 그 소리가 나와야 합니다. 그 음을 쳐서 노래를 만들어야 하는 것이지요. 그리고 나머지는 침묵해야 합니다. 그런데 그 때는 한 음을 치는데도 그것을 전부라고 합니다. 피아노 한 대에 음이 하나밖에 없다는 뜻이지요.

분별이란 큰 주제에 대한 이해가 있으면 융통성과 구체성이 생깁니다. 그런데 그것을 풀지 못하고 가도 됩니다. 언젠가는 해결해야 하고, 그 타이밍이 생기기 때문이지요. 우리가 해야 하는 것은 우리의 방향성과 길에 대해서 어디까지 가는지를 생각하는 것입니다. 우리가 물려받은 유산에서 죄, 구원, 성화, 은혜, 교회, 성직자와 같은 단어들은 앞서 설명한 대로, 넓고 깊은 의미에서 지위와 역할 등 전체적으로 이해해야 다 담을 수가 있습니다. 이것을 다 담을 수 있어야 각각의 역할을 일부러 나누는 것이 아니라 필요에 따라 이쪽에서 선포하고, 저쪽에서 증거하는 등 저절로 나눠지는 것입니다.

그런데 지금은 시도 때도 없이 나와서 서로 자기주장을 해서 문제입니다. 분별이라는 것은 전체를 보고 그때 갈 수 있는 만큼 묶어서 가야 하는 결정을 내려 주어야 합니다.

"우리나라 정치는 왜 이런가?", "사회는 왜 이런가?", "교회는 왜 이런가?" 이 셋은 동일하게 묶여 있습니다. 그 세 군데에 동일인이 참여하고 있기 때문이지요. 우리 중에 누군가가 정치인이고, 모두가 사회인이고, 누군가가 교회에 있지 않습니까.
그래서 교회만의 문제가 아니라 전체적인 문제이면서 구원, 생명, 은혜, 이 일의 크기, 현실과 역사와 인생과 개인 실존을 우리나라 안에 담아낼 수 있다는 것을 한국 교회가 설명해 줄 수 있어야 합니다.

김관성 각 시대마다 하나님께 쓰임받는 대상이 달라진다는 건가요?

박영선 예수를 믿는 것에 대한 전체의 윤곽이 드러나는 일은 이 세상에서는 없습니다. 그중에 어느 파편 하나로 그 뒤에 있는 거대한 인격자를 알게 되는 것입니다. 접촉점 같은 것이지요. 심지어 부모 손잡고 가듯이 갑니다.
우리는 근대화 과정에서 "교육, 합리성, 전체를 다 담아야만 된다. 항복시킬 수 있고, 그렇게 설명해야 한다"고 이야기하는 바람에 복잡해졌습니다. 수돗물을 집에 퍼 넣어 주면 곤란합니다. 수도꼭지로 나와야 하지요.
하나님이 당신과 당신의 목적과 성품을 증거하는 구체적인 한계에 우리를 묶어서 일을 하신다는 것을 하나님의 지혜로 이해하지 못하면 앞서 반복해 이야기한 것처럼 끝없이 완벽을 주장하다가

정작 자기 인생을 살지 않는 사람같이 됩니다. 오늘날 교회는 모든 것을 함으로써 모든 것을 못하는 형국이 되었습니다.

대표적인 예로 오순절 순복음파가 성령 은사로 터뜨린 것이 20세기 교회사를 살렸습니다. 그러나 그것이 어떻게 전부이겠습니까. 다들 신학이 없다며 시샘하고 비난했습니다. 그러면 신학을 가지고 확 터뜨린 곳이 있을까요? 없습니다. 깊은 신학자가 되면 더 절절하게 한계를 느낄 뿐 설명은 어찌 보면 작은 것이지요. 오히려 자신의 존재가 현실 속에 분명하게 실체가 있다는 실감할 뿐이지요. 증언과 논리가 있는 것이 아니라 그 한 사람으로 인하여 하나님의 존재와 하나님이 일하신 실체를 보게 만드는 것입니다.

김관성 방향과 때를 아는 리더가 되기 위해서는 훈련의 과정도 필요할 텐데요. 어떤 과정을 거쳐야 터득할 수 있을까요?

박영선 자신의 주어진 인생을 살아 봐야 합니다. 삶의 현장에서 여러 경우와 사람을 만나야 합니다. 하나님이 누군가에게 그것을 담아 우리에게 보내실 것입니다. 모세가 그랬지요. 모세의 사명은 이스라엘 백성을 위해 일하는 것이었습니다. 자신이 그들을 위해 준비되었음을 깨달은 모세는 온유해집니다. 불평하지 않습니다. 모세의 말년의 기도를 담은 시편 90편을 보십시오. 생애 전체를 통틀어서도 모세는 잘 참는 사람이 되었습니다. 후계자로 세워진

여호수아는 모세가 하라는 대로만 하면 되었습니다. 분별이나 조합이나 통찰은 모세가 이미 다 보여 주었습니다.

그렇지만 모세가 얼마나 위대하냐는 핵심이 아닙니다. 모세는 그때 필요했던 하나의 존재에 불과합니다. 그때그때 필요한 소품과도 같습니다. 하나님은 인류 전체를 놓고 일하시는 분이기 때문입니다.

교회에서는 목사에 대한 불평이 가장 많습니다. 하지만 하나님은 목사에게 뭔가를 실어 보내십니다. 목사를 트럭 운전수로 생각해 보십시오. 하나님이 그 트럭에 무엇을 실어 보내시는지 보십시오. 흉년이 든 마을에 라면을 싣고 왔을 수도 있습니다. 운전사가 볼품없더라도 그가 무엇을 싣고 왔는지가 더 중요하지요. 우리는 그것을 잘 분별하지 못해서 목사가 와서 무엇을 이루고, 무엇을 만들어 내야 한다고만 생각합니다. 하나님이 목사에게 무엇을 실어 보내셨는지는 다 모르는 채 말이지요.

김관성 목회자로서 분별해야 할 것도, 생각해야 할 것도 많아 더욱 마음이 무거워집니다. 목회자로서 어떤 태도와 자세로 살아가야 한다고 보십니까?

박영선 저는 기관차입니다. 기관차는 뒤에 객실과 화물칸을 달고 가야 합니다. 여기 실려 오는 사람이 보이는 것이지요. 기관차보고 "당신 혼자 고생합니다" 하고, 객차보고는 "너는 왜 기관차가 아니냐" 합니다. 그런 부분에 있어서 혼동을 빨리 제거해야 합니다. 또한 더 중요한 것이 손님입니다. 그 사람이 어디를 가느냐이지요. 화물칸에 무엇을 실었느냐, 누구에게 가져다주는 것이고, 그것을 받는 사람이 누구냐가 중요합니다.

모세나 바울의 이해를 보십시오. 그들은 자신들이 이스라엘을 위하여, 전 인류를 위하여 세워졌다는 것을 알았습니다. 겸손이라는 말 같은 것은 하지 않습니다. 겸손, 헌신 같은 말은 안 씁니다. 하나님이 개입하신 손길입니다. 그것으로 영광입니다. 그 유익도 전 인류를 향한 것입니다.

모세와 바울이 한 고백은 "제 혈육, 제 백성을 죽이시려면 저도 빼십시오"입니다. 하나님이 자신을 세우신 이유가 이스라엘을 위해서라는 것을 아는 것입니다. 그들을 위해서 자신이 서 있는 것이므로, 그들을 죽이시면 자신을 세우신 것이 모순이 되는 것이지요. 그들은 모두가 자기 역할이 하나님의 목적인 백성들을 위한 것임을 압니다.

김관성 목사님이 하나님에 대해서, 삶의 깊은 이치에 대해서 깨닫고 배워 갈 때 어떤 심정이셨는지 궁금합니다.

박영선 기다리는 것입니다. 하루 더 배우면 하루만큼 이익이 됩니다. 배우는 내용이 있어야 되는 것이 아니라 배움의 자세를 갖고 있는 것이 유익합니다. 하루 한 끼 더 먹는 거지요. 배운다는 것은 하나님이 우리에게 주신 특별한 은혜입니다. 우리가 책임을 지고 결정해야 하는 것들이 수없이 많지만, 그것이 하나님이 배울 기회로 끊임없이 도전하시는 은혜라는 것을 알아야 합니다.

배움의 자세는 기다림입니다. 어디서나 의미를 발견하고, 어디서나 가치 있는 것을 만드는 것이 아니라 기다리는 것입니다. 모든 것을 내가 해결해야 하고, 알아야 하는 것이 아니라 하나님이 내가 무슨 일을 당할 때 감수할 수 있게 하시고, 거기서 유익이 있게 하신다는 것을 믿는 것이 배움의 자세입니다.

예전에는 이런 자세나 발언들이 우리나라 특유의 모범성이 되어서 강조되곤 했습니다. 그러나 경청하는 자세, 외우고 복명하는 것보다 더 큰 것이 있습니다. 그 모든 것의 근저에 하나님을 알고 있느냐, 모르고 있느냐가 사활을 나누는 것입니다. 하나님의 성실하심, 하나님의 승리를 믿느냐는 것은 결과적으로 낙관성, 즉 믿음을 가지게 합니다. 사실 하나님이 없으면 그 모든 것이 가치가 될 수 없습니다. 하나님만 생명을 만들고 가치를 채우고 영광을 이루시는 분입니다. 잘잘못과 승패를 넘는 그 모든 것으로 기적과 영광을 담으시는 분임을 기억해야 합니다.

우리가 책임을 지고 결정해야 하는 것들이 수없이 많지만,

그것이 하나님이 배울 기회로

끊임없이 도전하시는 은혜라는 것을 알아야 합니다.

04
우리에게는 하나님이 전제되어야 합니다

김관성 목회자, 특히 남성 사역자들이 가정에서 배우자를 대하는 태도는 어떤 식으로든 밖으로도 표출되는 것 같습니다.

박영선 현실에서 최초의 현장이 가정입니다. 현실적으로 아내를 만족시키는 일은 어렵습니다. 모든 사람이 결혼을 하면 상대가 자신의 짐을 덜어 줄 것이라고 생각합니다. 감정적으로, 정서적으로 도움이 될 것이라고 생각하는데, 그렇지 않습니다. 오히려 족쇄같이 느껴지지요. 그것이 결국 우리를 책임 있게 만듭니다. 연줄에 비유할 수 있는데, 연이 줄에 매여 있는 것이 아니라 줄이 있으니까 날 수 있는 것입니다. 날 수 있는 앙각을 유지합니다. 줄이 끊어지면 연의 머리 부분이 떨어지면서 추락합니다. 더 날 수 있는 연은 연줄의 제한을 받는 것이 아니라 앙각을 유지해서 계속 떠 있는 것입니다.

그래서 가정을 가지지 않으면 책임과 인내를 가지지 못합니다. 우리가 가장 어려울 때 참는 가장 큰 이유는 가족 때문입니다. 치사해진다고 말했는데, 치사해지는 것이 아니라 책임을 져야 하는 것이지요. 우리의 생각이 무책임한 개념이나 이성으로 도피하는 것을 막습니다.

그리고 설교를 들으러 오는 사람들이 동일한 현장에 있다는 것을 나도 알고 그들도 알게 해야 합니다. 그렇지 않으면 이상주의적 교훈과 공감으로 현실의 실제적 도전과 책임을 잠시 외면하고 스스로를 안심시키고 헤어집니다. 세상으로 돌아가면 교회에서 확인한 자신감이 전혀 쓸모가 없다는 것을 반복적으로 확인하고 체념하거나 변명하기만 합니다.

김관성 제 아들이 중학생인데, 정말 무시무시합니다. 목사님도 요새 유행하는 이야기 아시지요? 북한이 남침하지 못하는 이유가 이 아이들 때문이랍니다. (웃음) 참 마음대로 안 됩니다. 아이들을 어떻게 가르치고 길러야 할지 모르겠습니다.

박영선 관계입니다. 혈육이라는 관계는 모든 명분과 이해와 설명과 납득을 초월합니다. 그것을 심어 주십시오. 그러니까 꾸짖고 타일러도 그보다 관계가 우선한다는 것을 늘 확보하십시오.

기독교 신앙은 관계가 우선입니다. 그런데 그 관계에서 하나님이 "나는 너희 아버지다"라고 하셨습니다. 우리가 아버지라고 부르지 않기 때문에 하나님이 먼저 그렇게 말씀하신 것입니다. 우리는 그것을 잊지 말아야 합니다.

부모라면 자녀에게 해서는 안되는 말이 있습니다. 아무리 야단을 쳐도 관계를 의심케 하거나 공포가 들어오게 해서는 안됩니다. 목회자도 마찬가지입니다. "나 이러면 안 해요"라는 말은 해서는 안됩니다. 반대나 주장도 공포가 되고 포기가 되어서는 안됩니다.

김관성 부모가 자녀를 위해 감당해야 하는 가장 큰 역할은 무엇인지요? 예컨대 부모는 자녀에게 어떤 꿈을 심어 주어야 할까요?

박영선 부모가 자녀에게 주어야 할 꿈이 있습니다. 그것은 집에 돌아오면 모든 걱정이 끝난다는 '휴식처'입니다. 이 말은 집에 돌아와서 아침에 다시 밖으로 나오면 새것이 된다는 뜻이지요. 어제 있었던 걱정과 피로가 회복되는 것입니다. 집에 와서 자고 나오면 새사람이 되는 것입니다. 옷을 다 벗어서 빨래하고 새로 시작할 수 있다는 뜻입니다.

누구나 겪게 되는 다양한 종류의 가정사들을 어떻게 감당해 나가야 할까요? 기다려야 합니다. 생각해 보십시오. 성질을 부려서 못할 말을 하지 않았습니까. 거기까지 하면 됩니다. 못할 말은 안 하려고 해서 안 할 수 있는 것이 아닙니다. 그러나 헤어지지 마십시오. 서로 대화하고 설득해야 합니다. 가르친다는 것이 강요와 단절이 되지 않도록 노력하셔야 합니다.

자녀를 꾸짖을 경우 부모의 자존심을 지키려 말고 자녀의 자존심을 격려하고 분발시켜야 합니다. 부부 싸움도 예의와 공감을 근거로 가져야 유익과 진전이 있습니다. 다만 분노가 고집뿐이면 관계는 급속히 외면되고 말아 버립니다.

김관성 요즘 우리 사회는 인성 교육 열풍에 사로잡혀 있지 않습니까. 여기저기 성품 학교들도 세워지고 있고요. 이렇게 인성 교육을 강조하는데도 사회악은 심화되는 까닭이 뭘까요?

박영선 하나님 없이는 다른 무엇도 대안이 될 수 없습니다. 사회악은 당연한 것입니다. 인간이 죄인이기 때문에 죄를 짓는 것이 당연하듯이 말이지요.

시민 정신의 함양과 필요를 지켜내야 합니다. 함께 살기 위해서 사회는 법과 질서를 요구하고 또 죄를 짓는 일은 당연히 처벌해야 합니다. 자유와 도덕성 같은 것은 자발적 의지가 격려되고 가능하나 죄를 짓는 것은 사회의 유익을 해롭히는 것으로 엄중히 꾸짖어야 합니다.

김관성 목사님은 주례도 많이 하셨을 텐데, 청춘 남녀가 결혼을 위해 준비할 것이 뭐라고 생각하십니까?

박영선 결혼을 어떻게 준비합니까. 정신 차리고 보면 아이 둘쯤 낳고 있는 것이지요. 그 기간은 기억이 나지 않습니다.

김관성 그렇게 정신없이 결혼하느라 믿지 않는 배우자를 만나는 경우도 많았던 걸까요? 여전히 종교 갈등은 가정불화의 큰 요인입니다. 믿지 않는 가족들에게 어떤 태도를 취하라고 가르치십니까?

박영선 시간을 가져야 합니다. 시간을 주면 다 돌아오게 되어 있습니다. 시간이 일을 합니다. 결국 돌아오지요. 아무리 잘난 척해도 소용이 없습니다. 더러, 부모들이 늙어서 병상에 눕게 되거나 노환으로 돌아가실 때쯤 "교회 가고 싶다"고 말씀하셨다며 아쉬워하는 말들을 합니다. 돌아가시기 전에 교회 가시면 좋겠다고 이야기하는 자녀들도 있습니다. 예수 안 믿고 돌아가셔서 아쉽다는 말도 합니다.
요한복음 3장 16절을 잘 아실 것입니다. 그러나 그다음에 나오는

17절 말씀을 기억해야 합니다. "하나님이 그 아들을 세상에 보내신 것은 세상을 심판하려 하심이 아니요 그로 말미암아 세상이 구원을 받게 하려 하심이라"고 되어 있습니다. 하나님은 구원을 받게 하시겠다고 하십니다. 하지만 믿는 자에게 구원이 있다고 했습니다. 모든 사람이 구원을 받는 것이 아니라는 뜻입니다. 그러니 시간을 주면 돌아오게 되어 있지만 시간이 다하기 전에 구원을 받을 수 있도록 해야 합니다. 그 시간들이 일을 하게 해야 합니다. 시간 속에 있는 우리가 그 시간을 헛되게 보내시면 안되지요.

김관성 개인주의가 극대화되면서 자기 가족의 행복을 지상 최대의 가치로 여기는 가정 이기주의도 생겨나고 있습니다. 그런가 하면 목회자는 여전히 자기 가정과 사역이 갈등하는 상황을 지혜롭게 해결하기가 어렵습니다. 이 문제를 어떻게 보십니까?

박영선 행복은 따지고 보면 스스로 자기의 정체성과 자기의 인생을 이해하는 것입니다. 다른 가치로는 도저히 확인이 되지 않습니다. 가장 중요한 것은 정체성인 것입니다. 세상에서 인간의 정체성은 경쟁에서의 승리로 나타납니다. 그러나 기독교에서는 하나님이 우선 됩니다. 천지를 지으신 하나님, 승리하시는 하나님, 심판하시는 하나님, 우리를 사랑하시는 하나님, 유일하신 하나님, 시간과 역사의 하나님이 나를 사랑하셔서 나는 못할 것이 없다는 것이 신자들의 정체성인 것입니다.

하나님의 정체성은 무척이나 큽니다. 창조주요 승리자요 심판자요 모든 것을 만드신 궁극적 승리의 주인이십니다. 우리는 그러한 하나님이 사랑하시는 대상인 것입니다. 독립적으로 자기를 봐서는 안 됩니다. 하나님이 전제되어야 합니다. 하나님이 사랑하시는 대상, 이것이 바로 우리의 정체성인 것입니다.

세상은 "나는 죄지은 적이 없습니다. 멋있게 살았습니다. 대의를 위해 일했습니다"라고 말합니다. 모두 다 하나님이라는 존재가 전제되지 않은 이야기들입니다. 소위 "저 사람은 예수 안 믿어도 천국 갈 사람이다"라는 말은 존재할 수가 없습니다.

성경은 마음껏 이야기합니다. "모든 것이 합력하여 선을 이루느니라"(롬 8:28). 우리 인생의 내용과 운명이 우리보다 크시고 은혜와 능력자이신 하나님의 손에 있다, 그래서 나는 겁날 게 없다는 뜻입니다.

우리는 인생이 꼬이면 '하나님이 나를 안 좋아하시는 것 같다. 내가 뭘 잘못했나?' 하고 생각하곤 합니다. 그러나 잘못했을 때는 그것으로 겸손을 얻게 됩니다. 겸손은 적극적으로 연습한다고 해서 만들어지는 것이 결코 아닙니다. 겸손은 처절하게 자기가 절망해야 배웁니다. 실패해 봐야만 억울한 사람들의 심정을 알게 되는 것이지요.

우리 인생은 로마서 5장에 나오는 것처럼 "이제 우리로 화목하게 하신 우리 주 예수 그리스도로 말미암아 하나님 안에서 또한 즐거워하느니라"(11절)입니다. 예수를 믿는 사람은 죄악된 세상에서 하나님의 사람으로 살 기회를 얻은 것입니다.

우리 인생은 유혹과 시험 앞에서 잘못된 선택을 할 기회를 부여받습니다. 그리고 하나님을 만납니다. 하나님을 믿고 갖게 된 약속과, 세상이 위협하고 도전하는 그 사이에 시간 속에서 반복된 실패를 경험하는 과정 중에 '이 세상은 거짓이구나'가 드러나게 됩니다.

"저는 아버지의 아들이라는 이름을 감당하지 못합니다. 품꾼으로 해 주세요" 하는 아들에게 아버지는 말합니다. "무슨 소리냐? 너는 내 자식이다. 애들아, 소를 잡아라!" 그런데 큰아들이 들어와서 따집니다. 그러나 아버지는 큰아들을 다독이지요. "애야, 잃었다가 찾은 내 아들이 아니냐." 아버지의 말에 큰아들이 다시 따집니다. "그럼 저는 뭡니까?" 아버지가 답하지요. "내 것이 다 네 것이 아니냐."

얼마나 굉장한 비유입니까. 큰아들과 작은아들을 비교합니다. 큰아들은 자신이 누구냐고 하는데, 아버지는 큰아들에게 내 것이 다 네 것이라고 말합니다. 결국, 예수의 고난에 참여하는 것입니다. 이것이 하나님이 좋아하시는, 자신의 영광을 드러내시는 방법입니다. 하나님은 힘으로 이기지 않으십니다. 납득시키십니다.

인생은 살 만합니다. 괜찮습니다. 물론 내 개인의 안녕과 행복 추구는 문제가 됩니다. 하나님은 혼자서 하지 말고 하나님의 부요하심을 나눠서 합창으로 하라고 하십니다. "네게 준 믿음이 틀림없이 넘쳐서 네가 속한 사회를 바꾸고, 네 이웃에게 유익을 줄 것이다"라고 말씀하십니다.

쉽게 말하면, 만나서 반가운 사람이 되어야 합니다. 세상 사람들은 자신에게 무엇인가 부탁할까 봐 인상을 쓰고 있습니다. 잠깐이라도 정신을 놓으면 자기 일을 떠맡기고 가는 세상이지 않습니까? 그런 것을 다 받아 줄 수는 없습니다. 웃으면서 "이러시면 안 되지요" 하십시오. 성질을 부리지 말라는 뜻입니다.

개인주의, 행복 등의 단어들은 매우 현실적입니다. 우리는 그러한 질문들에 대해 정체성으로 반응해야 하는 것입니다. 소망과 약속은 다릅니다. 하나님의 주도적 역사를 빼놓고 이야기하면 둘 다 막연한 기대에 불과하지요. 똑같은 초콜릿을 만들어 놓고는 한쪽에 십자가를 그려 넣은 것과 같습니다. 그래서는 안 되는 것입니다. 맛이 달라야지요. 한 사람의 생애는 내용을 채워 가고 깨닫는 시간으로 연속됩니다. 다르기 때문에 어느 시점, 어느 경우에서 서로의 수준과 가치를 속단할 수 없습니다.

생각해 보면 예수 믿는 것이 참 위대합니다. 하나님이 이런 방법을 쓰셔서 우리를 채워 기꺼이 항복시키는 기회와 시간을 주시는 것이 감사합니다.

05
역사 속에서 감당할 몫이 있습니다

김관성 목사님은 "우리 현실이라는 화면에 성경을 자막으로 삼아야 한다"는 말씀을 자주 하셨습니다. 교회가 세상의 흐름을 간과하지 말아야 한다는 뜻으로도 들리는데요. 그런 점에서 한국 교회의 성장 과정을 한국사 속에서 해석해 보는 것도 의미가 있을 것 같습니다.

박영선 우리의 근대사는 원치 않지만 일본에 의해서 채워졌습니다. 원치 않는 근대화였던 것입니다. 그런데 일본 강점기가 끝나자 당연히 민주국가가 되었습니다. 왕조 국가 다음에 공화국이 되는 것은 쉽지 않습니다. 대한제국 시절이 잠깐 있었지만 흉내만 냈을 뿐, 공화국다움은 없었습니다.

민주국가가 되었지만 정치, 사회, 역사 과정을 거쳐 성숙해 온 민주주의가 아니었습니다. 그렇다고 안 할 수도 없었지만요. 민주주의를 택한 이유는 미국 때문입니다. 미국이 민주주의니까 최고 안심이 되는 방법론이라고 생각한 것입니다.

이런 국가가 실력이 있습니까, 국민이 실력이 있습니까. 당연히 없었습니다. 고(故) 박정희 대통령은 우리나라에 당시 가장 시급한 것이 국방력과 경제력이라고 생각했습니다. 일제 강점기나 6·25전쟁에서 우리 국력이 아닌 미국 덕에 살아남은 게 아닙니까?

그렇게 출범한 군사정권 아래에서 부작용이 일어났습니다. 국력을 증진시키는 데 급급해서 시민 정신을 만들 틈이 없었습니다. 사실 제대로 된 국력은 시민정신에서 나오는 것이지요. 국민이 자신의 권리를 지키기 위해 확연한 책임 의식을 발휘하는 것입니다. 그런데 그게 자리잡을 틈이 없었습니다.

나라는 경제적으로 부강해졌지만 두 번째 군사정권이 들어섭니다. 이 우여곡절 와중에 노태우 대통령의 공을 기억할 만합니다. 실력이 별로인 대통령 때문에 민주화의 피를 덜 흘릴 수 있었습니다. 고르바초프(Mikhail Gorbachev) 덕분에 소련 연방이 해체된 것과 똑같습니다. (웃음)

문민정부가 들어오면 모든 것이 해결될 줄 알았습니다. 고(故) 김영삼 대통령의 지지율은 한때 80퍼센트를 넘었다고 합니다. 서방 언론에서 "이럴 수는 없다. 지지율은 아무리 높아도 60퍼센트 정도여야 한다. 국민 절대 다수가 지지하는 것은 독재 정권이다" 할 정도였습니다. 군사정권에서 벗어난 해방감이 문민정부에 대한 지지율로 간 것이지요.

하지만 고(故) 김영삼 대통령은 지하경제 없애고 금융실명제를 시행했습니다. 하지만 각종 대형 사고가 터졌지요. 대통령의 잘못은 아니고, 앞선 시기 '빨리빨리'의 후유증이 시작된 것입니다. 이를 바로잡기 위해 제대로 기초 작업을 벌였어야 하는데 그러지는 못했습니다.

뒤돌아보면 전체 사회에 윤리 의식을 탄탄히 세웠어야 하고, 경쟁 교육을 과감히 시정했어야 합니다. 그런데 이런 대책을 제대로 마련하지 못했기에 우리 사회는 지금 근현대사의 온갖 부작용을 보고 있습니다. 우리나라 사람들은 교육을 많이 받아서 명석하고 매사에 비판적입니다. 그래서 어디서나 말다툼이 벌어집니다. 고(故) 노무현 대통령이 이런 사회를 한 번쯤 제대로 뒤집어 보고 싶어했습니다.

한국 사회는 굉장히 복잡합니다. 단 70년의 근현대사 속에 서구 역사가 2천 년 동안 경험한 사건들이 통째로 들어가 있기 때문입니다.

그래서 저는 기독교의 역할이 있다고 생각합니다. 기독교가 이 사회에게 현실을 이해시키고 대안을 제시할 수 있어야 합니다. 우리가 이해시켜야 할 현실은 하나님이 일하시는 현장이자 무대입니다. 그래서 성경을 자막으로 가지고 있어야 합니다.

우리의 현실이 콘텍스트로서 화면인데, 거기에 6천 년 전 이스라엘의 이야기를 자막으로 결합시키는 건 굉장히 어렵습니다. 그 자막은 최소한 윤리적이거나 대단한 성취여야 할 것이라 생각합니다. 그런데 그런 자막이 아니라 배신, 미련, 고난, 모욕, 죽음, 패배, 이런 것들입니다. 바로 예수의 생애와 십자가입니다. 예수님이 인생의 여러 경험과 경우를 무한히 겪으셨기에 인류 역사의 현실이 무엇이든 그 안에 다 담을 수 있습니다.

현실에 성경 자막을 입히는 방식은 설교입니다. 현실과 그 내용을 결합시키지 않고 자기의 주장을 위해 성경을 끌어와 증거로 이용해서는 안됩니다. 신학 교육이 전체 신앙 내용의 개관과 균형과 질서를 깨우치듯이 설교는 우리가 겪는 일상이 진리와 생명에 관한 현실적 구체적 도전이라는 것을 밝혀 진정한 답을 성경에서 제시하는 것입니다.

또 현실에 대한 분석과 이해에 대해 큰 통찰을 가지지 못하고 비난만 해서도 안됩니다. 더 좋은 신앙이 더 비판적이고 무서운 사람이 되어선 안됩니다. 더 큰 명분을 가지고 그것을 다만 주장하는 사람 말입니다.

성경 본문을 만나면 이것이 어떤 현실을 배경으로 가지고 있는지 알아야 합니다. 그러면 설교가 귀에 들어옵니다. 설교에서 결론을 강요하지 않아도, 그 설교의 현장을 드러내기만 해도 그것이 공감되는 것입니다.

김관성 콘텍스트 현실에 텍스트 성경을 결합한다는 뜻인가요? 조금 더 설명해 주십시오.

박영선 구약이 원래 화면입니다. 그리고 신약이 자막이지요. 우리 인생을 보면 인생의 화면입니다. 구약에 나타난 것들이 우리에게 그대로 나옵니다. 배신, 무지, 후회 등 실제적인 정황들이 만들어졌습니다. '그때 왜 그랬을까? 어떻게 할까?' 그리고 화면이 다시 만들어집니다. 신약에 자막이 있잖습니까. 내가 겪는 이 화면 속에 내가 자막을 넣어야 합니다. 내가 주인공인 것입니다.

구약은 모든 인생의 경우를 다룹니다. 이스라엘 역사가 기가 막힌 이유는 인류가 만드는 모든 경우가 다 있기 때문입니다. 가인이 아벨을 죽인 것, 노아 홍수, 아브라함을 부르시고, 떠돌이 생활이 있고, 노예 생활이 있고, 출애굽이 있고, 만나를 먹고, 거기서 배신과 반발이 있고, 금송아지, 사사기, 바벨론 포로가 있고, 그 모든 정황, 우리가 만나는 현실이 모든 사람의 인생 속에 있는 못난 것이 거기 있습니다.

그런데 신약의 자막을 보면 이 모든 실패와 절망의 화면에 은혜,

구원, 회복, 승리, 영광을 담고 있습니다.

"유대인들은 그때 앗수르에 망하고 바벨론 포로로 70년 살았다. 그러나 그들의 운명은 그것이 끝이 아니었다. 남는 자가 있었다." 이러한 자막이 나옵니다. 구약의 실패를 신약이 어떻게 바꾸어 가는지를 내가 내 인생으로 자막화하는 것입니다.

김관성 한국 교회도 한국인 특유의 '빨리빨리' 부작용이 터져 나오는 듯합니다. 지금 겪고 있는 혼란과 아픔을 극복하고 성숙하기 위해서 무엇을 해야 할까요? 혹시 한국 교회가 성숙해지는 데 다른 방법이 없기 때문에 하나님이 이 방법을 쓰시는 것인가요?

박영선 제 판단으로 한국 교회는 이제 사춘기쯤 온 것 같습니다. 사춘기라는 것은 '순진한 것이 전부다'라는 것과 '세상은 왜 순진하지 않고 진실하지 않을까?'라고 묻는 것이 사춘기인 것입니다. '진실만으로는 되지 않는구나'라고 자신에 대해서 새로운 생각을 가지는 동시에 정반대의 생각을 하는 것입니다. '세상은 왜 거짓으로 가득 찼는가?', '내가 이러면 안 되지, 약삭빨라야지' 하는 생각이 터지는 것이 사춘기입니다.

그러니까 가치에 대해서 점검을 하게 됩니다. 현실과 내가 알고 있는 가치가 똑같은 모습을 가지고 있거나, 똑같은 힘을 가지지 않고 둘이 분리되어 있다는 것이지요. 세상은 명분에 의해서는 전부 가치를 이야기하고, 실제에서는 다 기만입니다. '그러면 나는 어느 쪽을 선택해야 하는가?', '대강 살아야지' 등과 같은 생각이 교차합니다. 그리고 묻게 되지요. '진정한 가치는 있는가? 있다면 그것을 어떻게 유지할 수 있는가?' 바로 이것이 사춘기입니다.

진정한 가치는 어디에나 있어야 합니다. 왜냐하면 하나님이 일하시는 방법이기 때문입니다. 하나님은 우리 몸을 먼저 자라게 하신 다음에 생각을 주십니다. 창조를 하시고 나중에 우리가 선택을 합니다. 창조 세계에서 하나님의 성실하심과 약속, 그리고 '하나님 없음'으로 인하여 드러난 세상의 기만과 비극에 우리는 걸쳐 있는 것입니다. 하나님은 하나님의 사랑과 약속 안에서 영광을 기대하면서, 그렇지 않은 현실에서 싸우라고 하십니다.

역사와 인생은 세상의 죄악된 권력과 그것을 회복하시는 하나님의 일하심이 충돌하는 현장입니다. 죄인으로 출생하고 죄가 권력을 가진 세상에서 하나님을 만나고 믿음을 가진 자로서의 현실 곧 긴장, 불안, 모순, 의심 속에서 선택을 요구받게 됩니다.

고민하라고 하십니다. 확인해 보라고 하십니다. 탕자를 허락하십니다. 예수 부인을 허락하시고, 팔아먹는 것을 허락하시고, 죽이는 것을 허락하십니다. 하나님은 강제나 조작은 하지 않으시겠다는 것입니다. 생각하고 살아 보고 비교해 보고 판단하라고 하십니다. 거기가 끝이 아닙니다. 그것이 기독교의 신비입니다.

김관성 그렇다면 당분간 한국 교회가 사춘기의 질풍노도를 자연스레 발산하도록 두는 것도 나쁘지 않겠습니다.

박영선 그렇습니다. 집만 못 나가게 하면 됩니다. (웃음)

김관성 한국 교회의 위상이 커지면서 교회를 향한 기대도 커지는 것 같습니다. 이를 만족시키지 못해서 비판을 받고는 있지만, 이 시대 속에서 교회가 감당해야 할 역할이 있다는 뜻이 아니겠습니까?

박영선 교회는 자기 시대에 사회적 책임과 정치적 책임을 이해해야 합니다. 정치는 당연히 내일을 준비해야 하는 것입니다. 민주국가이기에 국민이 표를 던지게 되어 있으므로 그 선상에서 어떻게 타협하는지가 참 신기한 것입니다. 민주주의가 기여하는 것은 단 하나, 정권을 유혈로 교체하지 않는다는 것뿐이지요. 민주주의의 약점은 진정한 정치가를 국민 다수가 알아보지 못할 수도 있다는 것입니다.
창작과 비평은 함께 창작을 돕기 위해 있는 것인데 종종 비평이 창작을 시기하는 비난이 되곤 합니다. 경기에 임한 선수와 그 경기를 해설하는 사람 사이에 결과에 대한 책임이 선수에게만 요구되어서는 안되는 것과 같습니다. 해설은 경기를 풀어 시청자를 끌어들이고 저변을 넓혀 경기를 발전시키고 사회를 밝게 만들어야 합니다. 따라서 선수를 격려하고 길러야 합니다.

실제 선수를 길러야 한다는 것은 양식을 만들어야 한다는 뜻입니다. 양식을 먹여서 피가 되고 살이 되고 체중이 늘게 해 주어야 합니다. 그러나 잘못하면 영양사가 "이 음식은 칼로리가 얼마짜리이고 영양이 얼마입니다"라는 말만 하고, 실제로 밥은 안 해 주는 것과 같습니다. 우리는 그것을 조심해야 합니다. 먹을 수 있는 음식을 만들어야 하는 것이지요. 그것이 시급한 자리입니다. 어떤 모임이 재미없다고 느껴질 때는 전부 영양사들만 모였기 때문입니다. 말만 있고 밥은 없는 것입니다. 그래서는 안 됩니다.

우리는 아기를 낳아서 길러야 합니다. 그리고 가르쳐야 합니다. 아이를 낳는 것과 가르쳐 사람답게 하는 일을 구별하고 설명하고 서로 다른 역할을 합의 공감해야 합니다.

김관성 한국 교회에 대한 사회의 비판이 정당하고 건설적인 면만 있지는 않습니다. 감정적인 거부감도 있는 게 사실입니다. 어떻게 대응해야 한다고 생각하십니까?

박영선 우리는 욕을 잘 먹어야 합니다. 미안하다고 해야 합니다. 미안하다고 해도 안 그치면 가서 죽으라는 뜻이지요. (웃음) 하지만 "가서 죽어!"라고 하는 게 진짜 죽으라는 뜻이 아닙니다. 자신의 지위와 우월감과 자존심을 그만 내려놓으라는 것입니다. 대꾸를 하지 말고 순하게 욕을 먹어야 합니다. 욕을 먹는 게 "알았다"는 뜻입니다.

김관성 사실 어떤 대꾸 없이 순하게 욕을 먹는 것이야말로, 신앙의 고수만이 할 수 있는 경지입니다. 자신을 쳐서 복종시키는 엄청난 일이잖아요.

박영선 그러니까 그냥 그렇게 되어 가도록 두어야 합니다. 완결시키려 해서는 안 됩니다. 그럼 자기 할 일을 못합니다. 미완성, 미결로 놔두어야 해요. 자기 만족과 고집을 놓아야 합니다. 하고 싶은 것, 해야만 되는 것 이상으로 할 수 있는 것밖에 할 수 없습니다. 하지 못한 것은 부끄러워하고 욕을 먹을 수밖에 없음을 감수해야 합니다.

김관성 한국 교회가 잦은 분열과 대립으로 골치를 앓는 것도 "미안합니다"를 잘 하지 않아서가 아닐까 합니다. 다툼 속에 있는 양쪽 입장을 들어 보면 결국 같은 말인데, 이걸 조율을 못하고 죽기 살기로 싸우는 걸 봅니다.

박영선 한국 사회는 납득을 하려고 하지 않습니다. 납득해야 하는 불편을 굉장히 싫어합니다. 교회만 아니라 사회 전체가 그렇습니다. 얼마 전 주한 미국 대사를 피습한 사건이 있었지요. 말이 안 되는 일입니다. 그런 것은 지지자가 있어서 하는 것입니다. 없으면 못하지요. 예의와 상식에서 미달하는 것입니다. 외교관이라는 것은 나라와 나라를 대표해서 좋게 이야기하자고 보낸 대표들이잖아요.

지금은 전체 한국 사회가 무르익기를 기다려야 합니다. 작금의 한국 교회에 일어난 일은 한국 교회에 물음을 던지는 중요한 계기가 됩니다. 욕을 먹고 불편을 감수해야 합니다.

교회에서 싸우는 것을 많이 봤는데, 제일 못난 것이 서로 예배를 방해하는 것입니다. 그것만은 하지 말아야 하지 않겠습니까. 둘이 싸우다가도 "예배드립시다" 하면 같이 드려야 합니다. 마음에 들지 않는 목사가 올라와서 설교해도 그것을 받아야 하고, 목사는 현재의 이슈를 꺼내서는 안 됩니다. 싸우다가도 "예배드립시다" 하면 와야 하는데, 한국 교회는 그렇게 못했습니다. 그 이유는 한국 사회가 거기까지 못했기 때문입니다. 사회적 현상입니다. 시민정신의 미숙이며 민도가 아직 성숙하지 못한 것입니다.

김관성 그러고 보면 반대의 방법론이 성숙하지 못한 탓도 있는 것 같습니다. 의견 차이를 제시하고 합의점을 찾기보다는 남을 미워하거나 파괴하는 편을 쉽게 여기니 말입니다.

박영선 하나님이 우리 현실 속에서 웃는 날을 허락해 주시기를 바랍니다. 우리 인생이 그렇지 않습니까. 가장 못난 것들에게 기회를 주시는 것입니다. 작은아들이 자기 몫을 달라고 해서 나가서 허랑방탕했습니다. 그 기회를 주시는 것을 엄연한 현실로 보십시오. 하나님은 이 일로 밑지지 않으십니다. 겁을 내고 망해도 됩니다.

103세에 소천하신 방지일 목사님이 '우리 선조들이 이미 알고 있었구나!'라는 것을 확인하게 해 주신 일화가 있습니다. 한 대담 프로그램에서 "한국 교회가 시끄럽고 욕을 먹는데 어떻게 해야 하지 않습니까?" 하고 묻자 방지일 목사님이 이렇게 답하셨다고 합니다. "괜찮아." 얼마나 무시무시한 답입니까. 예수 믿는 사람의 독특한 배짱이 있으십니다. 무식한 배짱 말이지요. 질문한 사람이 두 번 못 물어보게 하셨습니다.

김관성 교회에서는 성도들에게 교회 나오면 만사형통한다는 메시지를 많이 전합니다. 결과적으로 신앙이 여러 섬김의 기회가 있고 위로받으면서 신앙이 성숙해질 테니, 크게 틀린 말은 아닐 수 있습니다. 하지만 성도가 교회를 열심히 다녀서 얻을 수 있는 직접적인 유익이 있습니까? 교회를 열심히 다닌다고 현실이 당장 바뀌지는 않는데 말입니다.

박영선 제 기억에도 교회에서 하는 모든 약속으로는 현실이 변하지 않습니다. 편하고 좋긴 한데 기대가 만족되지는 않습니다. 아무리 은혜를 받고 교회 문을 나가도 똑같아요. 교회와 현실이 철저히 분리돼 있기 때문입니다.

신앙의 가치를 구체화해서 실천해 보면 어떨까요? 예컨대 거짓말 하지 말아야죠. 그런데 현실에서 거짓말을 안 하고 살 수가 없습니다. 거짓말을 안 하고 정직하면 불이익과 손해를 감수해야 합니다. 그런 손해를 감수할 만한 가치가 이 약속 안에 들어 있는 것인가 숙고해야 되는 겁니다. 이처럼 도전하고 가치를 시험하면서 역사적으로 누적된 전통이 교회에 형성돼야 합니다.

한국 교회는 그런 전통을 만들 틈이 없었어요. 그래서 신앙의 가치를 너무나 피상적으로 답을 제시한 것 같습니다. 세상은 그걸 보고 거짓말쟁이라고 비웃습니다. 세상의 비난만 탓할 일이 아닙니다. 교회가 자기 정체성에 무게를 싣지 못하는데 누가 호의를 보이겠습니까. 이제 교회는 신앙의 가치를 제대로 가르쳐야 합니다. 교인이 오지 않아도 십자가를 하나 세워 놓는 것이 이 시대에 하나님의 의지라는 굳건함이 있습니까?

김관성 교회가 형식성을 탈피해 새로운 시도들을 하면서 다양한 형태의 교회들이 생겨났지만, 이런 현상이 성도의 수평 이동을 부추기고 있다고도 생각합니다. 유행을 좇듯 매번 새로운 것을 찾아

헤매는 성도들이 많습니다. 남포교회도 이 교회 저 교회를 떠돌아다니는 성도들이 관심을 두고 있는 교회 중 하나라고 생각합니다. 그들에게 교회가 어떤 입장을 취해야 한다고 생각하십니까?

박영선 가장 중요한 것은 갈증입니다. 그런데 자폭을 넘어서는 갈증, '나는 할 수 없지만 지금 포기할 수는 없다'는 갈증은 성화에 있어서 중요한 자각증세입니다. 성화의 초기에는 명분에 잡혀 있어서 훨씬 쉽습니다. 도덕을 가르치듯이 성경 읽고 기도하는 데서 끝이 납니다.

한창 부흥기에 새로 오는 신자들이 많으면 많을수록, 그런 현상을 시큰둥하게 생각하는 기존 신자들과 새로이 감동한 신자들 사이에 갈등이 있었습니다. 목사님들이 새 신자들만 좋아했기 때문입니다. 기존 사람들은 피리를 불어도 춤추지 않으니까 그러했겠지요.

그렇다면 왜 오는 것일까요? 지금 시대는, 오지 않고는 못 배기는 무엇인가가 있음을 알 수 있습니다. 감동으로만 오는 것은 아닙니다. 결국 붙잡혀서 오는 것이지요. 이것이 중요합니다. 감동하고 헌신하고 결단하고 오는 것이 아니라 놔두지 않아서, 붙잡혀서 옵니다.

어렸을 때 미국으로 입양된 사람은 자신이 미국 사람인 줄 알고 크다가 나중에 미국 아이들이 "너는 미국 사람 아니야!" 하는 이야기를 들으면서 깨닫게 됩니다. 그래서 뿌리를 찾으러 돌아옵니다. 미국 사람들이 자신을 밀어내지 않으면 찾아오지 않습니다. 희한하게 붙잡혀 옵니다. 세상이 자기를 밀어내기 때문입니다. 그러니까 교인들이 오지 않을까 봐 겁낼 것이 하나도 없습니다. 오지 말라고 해 보십시오. (웃음) 죄의 부담으로 교회를 떠나고, 죄에 대한 실망으로 교회를 떠난 사람들을 돌이킬 다른 방법은 없습니다. 물론 계속 불평할 것입니다. 다른 교회에도 갈 것입니다. 여기저기 철새 노릇을 할 것입니다. 그런데 그에게는 그 시간들이 중요한 경험입니다. 그러다 마지막에는 어딘가에 정착합니다. 그리고 그곳에서 좋은 교인이 됩니다.

김관성 새 신자나 기존 신자들의 교회 이동으로 인한 양상이 한국 교회만의 특성은 아닌 것 같습니다. 외국의 목회자들, 혹은 책을 통해서도 좀 더 도움을 받을 수 있으면 좋겠습니다.

박영선 이런 부분에 대한 이해가 있는 사람들이 있습니다. 필립 얀시(Philip Yancey)가 그랬습니다. 그는 계속 도망 다니면서 살았습니다. 자기 마음에 드는 교회가 없어서 그 어느 교회에도 정착하지 못했습니다. 어느 교회를 가든지 교회마다 한 가지 집중하는 것이 있었기 때문입니다. 그 하나로는 자기 성에 찰 수가 없었습니다. 당연합니다. 심지어 그 하나를 너무 강조해서 균형이 깨지는 그 현실을 참을 수 없었습니다.

그 과정에서 희한한 교회를 갔는데, 그 교회 목사님이 같은 상처를 안아서 모든 것을 용납해 줍니다. 강요하지 않습니다. 설교하는 동안 공을 강대상으로 던지는 사람도 놔둘 정도로 받아 줍니다. 알코올중독자 치료 과정 같은 프로그램이라고 봐야겠지요. 그 목사님이 모든 강요에 거부 반응을 보여서 필립 얀시 스스로 그것을 하게 됩니다. 필립 얀시는 이것도 아니고, 저것도 아니었다가 아무 강요도 없고 모든 것을 받아 주는 교회에 가서야 결국 정착을 하고 자기 몫을 합니다. 마음에 들지 않지만 거기서는 책임을 느끼는 것입니다. 다른 데서는 그 교회가 강요를 하는 바람에 거부하고 저항만 하다가 이 교회에서는 비로소 스스로 무언가 해야겠다고 생각한 것입니다. 아무 울타리가 없으니까 놔두면 망할 것 같았거든요.

교회는 하나입니다. 하나가 아니면 못합니다. 율법주의도 하나의 중요한 방법입니다. 20세기 한국 교회의 최고 경험은 성령 체험입니다. 성령 체험은 큰 것입니다. 최고의 자존심을 갖고 있던 장로교는 시샘을 했지요. 그러나 그것은 하나님이 일하고 계시다는 중요한 증거였습니다.

장로교는 무시무시한 전통과 역사가 있기에 여전히 자존심이 남아 있습니다. 이미 지어 놓은 건물처럼 견고하고, 이미 확보한 조직과 힘이 있습니다. 그 모든 것을 무시할 수 없습니다. 각각 자기 역할을 해야 하는 것입니다. 이런 것을 비난함으로써 싸우자는 것이 아니라 부족하다고 하소연하고 있는 것입니다.

답이 있습니다. 한국 교회가 해야 할 일은 그 모든 사람이 갈증을 호소하고 비난하는 이들을 결국 책임의 자리로 보내야야 한다는 것입니다. 그들이 직접 못하겠으면 그 책임의 자리를 지킬 사람을 발굴해서 길러야 합니다. 이 부분을 하지 않는 것이 문제입니다. 유명한 축구 선수들이 은퇴하고 나서 지도자가 되면 결국 유소년 양성에 매진하는 이유가 무엇이겠습니까? 처음부터 잘해야 한다는 것입니다. 기초를 잘 가르쳐야 한다는 뜻입니다.

마찬가지로 우리도 뻔한 곳에 투자를 하고 있습니다. 사회적으로 이야기하면 교육, 가정, 신학교 등입니다. 중요합니다. 그렇게 해서 한 세기에 몇 명 구하면 다라고 생각합니다. 그러면 그것이 한국 교회 전부를 구하는 것입니다.

김관성 평생 신앙생활을 하신 목사님께 교회는 무엇입니까?

박영선 저는 교회가 아닌 다른 곳으로 도망갈 수가 없었습니다. 다른 데는 다 절벽 같아서 도망갈 데가 없었습니다. 하나님이 견고하게 붙들어 도망갈 틈을 주시지 않았습니다. 하나님을 아는 것 외에 다른 문제는 모두 거기에 종속되는 것이라는 말을 들었지만, 실제로는 그렇지 않았습니다. 하나님을 알면 나머지는 모두 스스로 이해되는 것이 아니었습니다. 그 대목이 고민이었습니다.
하나님이 부족하셨을 리는 없고 교회가 다 설명하지 못했다고 느꼈어요. 그 부분을 놓고 굉장히 오랜 기간 씨름했습니다. 괴롭고 말이 안 되고 위협적이고 반복되는 이 현실이 무엇인지 싸웠습니다. 이 현실 앞에서 하나님이 주신 약속대로 어떻게 살라는 것인지 도전이 되었고 위협이 되었습니다.
시간이 흐르면서 그 위협이 장애물이 아니라 도전과 각성이 된다는 것을 알았습니다. 그 속에 들어가서 우리가 씨앗으로 심기는 것 같았습니다. 흙이 씨를 삼켰다고 생각하는 그 속에서 씨가 싹이 되어 자라는 것을 알았습니다. 그러나 세상 사람들은 싹이 나는 것도 모릅니다. 밭에 감추어진 보화와 같습니다.
그런 면에서 나는 예의를 중요하게 생각합니다. 예의를 가지고 기다려야 해요. 기다리면서 보복은 하지 않지만, 비명은 필요하다면 질러야 합니다. 보복의 대상에게가 아니라 자신에게 지르면 됩니다. 보복하거나 비명을 질러도 소용이 없다는 것을 알기 때문입니다. 그리고 내가 밑진 것이 밑진 것으로 끝나지 않는다는 것을 알게 되고 세상에 지는 것이 실제로 지는 것이 아님을 아는 자리에 오르는 굉장한 명예와 감사가 생깁니다.
그런데도 매일의 삶은 하루도 여유를 허락하지 않고 어제의 고생을 오늘 다시 와서 하게 합니다. 끊임없이 나를 반죽하는 것 같기도 하고, 연마하는 것 같기도 하고, 담금질을 하는 것 같기도 합니다. 단단해집니다.

김관성 반죽이나 연마는 어떤 면으로는 더 다져져야 하는 것이 있다는 뜻인 것 같습니다. 목사님의 말씀을 들으니 그 과정을 통해 아무것도 만들지 못한다는 것이 아니라 그렇게 끝나지만은 않는다는 뜻으로 다가옵니다.

박영선 저는 그래서 사람에게서 재미를 느낍니다. 사람에 대해서 장점과 각각의 특성을 잘 이해해서 혼자 많이 웃기도 합니다. 각 캐릭터들의 장점과 약점을 잘 찾아내는 편입니다.
만화에서조차도 약점을 강조하는 작가는 없지 싶습니다. 각 캐릭터가 갖고 있는 장점과 약점을 장점으로 해석해 내지요. 그 해석이 퍼즐처럼 이어져서 〈스누피〉 같은 기가 막힌 만화가 되니까 등장하는 캐릭터들도 생생하게 자기 역할을 합니다. 루시처럼 이기적인 캐릭터가 있습니다. 찰리 브라운은 순진해서 늘 당하는 바보 같지 않습니까. 스누피처럼 약삭빠른 개가 주인공인데 말입니다. 세상 사람들은 제일 잘하고도 아무것도 아닌 존재가 될 수도 있습니다. 우리는 가장 잘못하고도 최고의 합으로 다른 것으로는 절대 얻을 수 없는 것을 얻기도 합니다. 이것이 반죽의 과정이 하는 일입니다.
실패하지 않으면 못 배우는 게 있습니다. 그것이 실패의 유익입니다. 실패를 해야 가슴이 찢어지고, 열등감이 생기고, 그로 인해 일어서면서 자존심이 근거를 가집니다. 다른 것으로는 절대 안 됩니다. 그 속에다 예수를 믿는, 말로 다할 수 없는 기쁨과 자랑을 담습니다. 하나님이 무엇이든 과정을 통해 자라게 하실 테니 죄를 지으라는 것이 아닙니다. 그것은 모순입니다.

복음은 말이 안 되는 것입니다. 더 정확히는, 말로 다 설명이 안되는 것입니다. 못 담을 게 없지만 당연히 모순과 혼돈을 느껴야 합니다. 처음도 하나님이시고 심판자도 하나님이시면서, 과정도 하나님이십니다. 모순과 혼돈 속에서 어디를 가더라도 결국 하나님으로 돌아와야 합니다. 우리의 교리는 제한을 하자고 만든 것이 아니라 복음이 가지는 특징을 가장 잘 설명하자고 만든 것입니다. 그러나 그 그물로도 다 담을 수는 없습니다. 우리가 아는 교리로 모든 것을 담을 수 있다면 앞뒤가 안 맞는 말이 되어 교리화할 수 없었겠지요.

김관성 실패를 통해 배움이 있어도, 모든 것이 완벽하게 이해되지는 않는 일은 교회에서 많이 접합니다. 교회에 몸담고 있는 신앙인이라면 이 모순과 혼돈에서 멈추지 않고 나아가야 할 텐데, 오랜 대담을 마치시면서 마지막으로 해 주시고 싶은 말씀이 있다면 부탁드립니다.

박영선 당시에는 모릅니다. 인생이라는 것, 우리가 자유와 선택권을 가지고 산다는 것, 결정을 하고, 울고 웃으며 누군가를 만나는 것이 얼마나 굉장한 일인지 모릅니다. 나중에서야 "이게 그겁니까?" 하고 묻게 됩니다. 우리가 만난 시간도 그렇습니다. 우리가 나눈 대화들을 어떻게 책으로 냅니까. 우리끼리 이야기하고 끝내야지요. (웃음)

요한복음 1장을 보면 태초에 말씀이 있고, 말씀은 사람들의 빛이라고 했습니다. 빛을 증거하러 온 사람이 있다고 했습니다. 빛을 어떻게 증거합니까. 앞을 볼 수 없는 사람에게 어떻게 빛을 증거합니까.

계몽주의 이래로 논리성이라는 것은 좋은 수단인 것이 분명합니다. 논리성은 사실을 설명해 낼 수 있습니다. 그러나 생명을 만들거나 납득을 만들 수는 없습니다. 논리성이 빛을 만들 수는 없습니다.

맹인이 코끼리 만지는 것과 같습니다. 일단 보아야 하는 것입니다. 맹인 코끼리 만지기 우화는 이 비유를 듣는 자들이 코끼리를 보고 아는 자들이라는 전제가 있어야 성립합니다. 맹인들도 코끼리의 각 부분을 실제로 만졌지만 코끼리를 본 적이 없는 사람은 그들의 증언을 제대로 조합할 수 없습니다.

설명이라는 것은 앞뒤가 있고 논리의 전개가 필요합니다. 그렇듯이 무엇을 듣고 무엇을 보는 것은 눈이 뜨이고 가슴이 열려야 가능합니다. 하나님이 그의 눈을 언제 뜨게 하실지 모르지요.

하나님은 우리가 옆에 있는 사람들끼리 나누는 평범한 대화에서 일하십니다. 약속을 갈구하는 사람들, 갈증이 있는 사람들이 모여서 힘이 될 것 같지만 그렇지 않습니다. 하나님을 아는 지식, 사랑하는 것에 굉장한 희망을 가질 수도 있고 누구를 만나도 기대할 수 있습니다. 가장 중요한 것은 정체성과 본질적 이해의 회복입니다. 그것이 이루어지지 않고는 다음 이야기를 할 수가 없습니다. 정체성과 그것이 해야 하는 기능이 혼돈되면 안 됩니다. 전혀 다른 것입니다.

김관성 오랜 시간 대화를 통해 질문에 응해 주시고, 다음 단계로 나아가게 해 주셔서 감사합니다. 아무리 교회가 위기라고 해도, 신앙인들이 교회를 옮겨 다니며 밖으로 초점을 둔다 해도 교회만큼 희망적인 곳도 없는 것 같습니다. 한국 교회가 역사가 부여한 사명을 잘 감당하고 신앙인들과 함께 늘 새롭게 성장해 나가면 좋겠습니다. 목사님, 감사합니다.

처음도 하나님이시고 심판자도 하나님이시면서,

과정도 하나님이십니다.

모순과 혼돈 속에서 어디를 가더라도 결국 하나님으로 돌아와야 합니다.

닫는 글

신학교 신입생 시절, 박영선 목사님이 쓰신 두 권의 책을 접하게 되었습니다. 《구원, 그 이후》(새순출판사, 2008)와 《하나님의 열심》(새순출판사, 1992)이란 제목의 책이었는데, 그 내용은 가히 어린 신학생의 믿음에 지각변동을 초래할 만큼 적잖은 충격으로 다가왔습니다.

당시 한국의 기독교는 교인들로 하여금 하나님 앞에 영광을 돌려 드리기 위해 기도, 전도, 봉사와 같은 믿음 생활에 지극한 열심을 쏟도록 가르쳤고, 또 교인들은 그렇게 행하였습니다. 자신의 의지적 결단으로 사활을 걸고 열정을 쏟는 신앙생활이야말로 하나님께 온전히 영광을 돌려 드리는 길이며, 하나님이 기뻐 받으심을 확고히 믿는 신앙이었습니다.

이런 견고한 신앙관을 가진 이제 막 사춘기를 지난 신학생에게, 박영선 목사님의 책은 그 영혼 안에 새로운 지평을 열어 주는 신비로운 경험으로 다가왔습니다. 우리의 노력과 열심으로 신앙의 키를 쌓는다고 믿었던 이제까지의 신앙은 일대 전환을 맞았습니다. 뭔가 하지 않으면 내 신앙이 무너질 것 같은 두려움에서 해방시켜 주었고, 우리의 삶과 신앙의 여정이란 하나님이 쏟아부으신 열심으로 인해 존재하고 유지되는 것이라 말하고 있었습니다. 그리하여 하나님이 인생과 시간 속에서 친히 우리를 하나님의 사람으로 빚어 가신다고 했습니다. 못나고 부족한 나의 모습과 운명도 예수 안에서는 소중하고 귀하며 절망이 없는 삶이라고 말하고 있었으며, 하나님이 나의 삶을 총체적으로 인도하신다고 말했습니다.

그 후 저는 목사님의 책과 설교를 모조리 섭렵했습니다. 그분의 말씀은 더 넓은 세계로 인도하였고, 영적 안목의 지평이 넓어지는 체험을 하게 했습니다. 그때까지만 해도 박영선 목사님의 말씀의 내용은 한국 침례교에서는 생소한 개혁주의 신앙이 녹아 있는 말씀이었습니다. 목사님 덕분에 많은 개혁주의 신학자를 알게 되었고, 저는 자연스레 개혁주의 신앙의 체계를 갖게 되었습니다.

만나는 친구들과 지인들마다 박 목사님의 책을 소개하며 자랑하게 되어, 당시 저는 친구들에게 '박영선 마니아'로 통했습니다. 한 번쯤 목사님을 만나고 싶은 마음이 간절했지만, 그분은 매우 높은 경지에, 나와는 상관없이 멀리 계신 분이시기에 단지 비현실의 소망으로 마음에만 간직했습니다.

목회 현장에 들어오면서 목사님의 영향을 받은 신앙과 신학적 결과들은 자연스레 제 설교에 담겨졌습니다. 그러나 그런 신앙과 신학의 베이스로 나름 성실과 열심으로 목회 현장에 임했지만 눈으로 확인할 수 있는 목회의 열매는 보이지 않았습니다. 목사님의 신학의 초점은 '성화론'인데, 저 자신을 비롯해 목양의 대상들에게 변화된 모습이란 찾아볼 수가 없었습니다. 성화의 실체가 무엇인지, 관념적 신학 이론에 불과한 것은 아닌지 등 이러한 의구심과 고뇌가 항상 내재되어 있었습니다.

또한 개혁주의의 귀한 유산을 배웠지만, 목회 현장에서의 가난에 따르는 가계의 운명이나 부자로서 기득권을 가진 자들을 보면서 저의 현실조차 이해가 되지 않았습니다. 삶과 죽음, 병, 가난, 목회, 연애, 성화 등…. 삶의 수많은 의문을 목사님께 여쭙고 싶었습니다. 하지만 책과 설교로만 만나는 목사님을 무슨 수로 만날 수 있겠습니까. 목회자로서, 우리의 인생 안에 수많은 주제들을 가지고 목사님의 가르침대로 말씀을 외치지만, 저조차도 풀리지 않는 신앙의 의문이 많기에 설교 후 강대상에서 내려오면 늘 뭔가 뒤처리가 미진한 채 뚜껑을 닫아 버린 듯한 느낌을 떨쳐 버릴 수가 없었습니다.

2013년 말, 제 생각을 글로 정리한 《본질이 이긴다》가 출판되었고, 책이 알려지면서 목사님을 뵐 수 있는 기회가 자연스럽게 다가왔습니다. 박영선 목사님의 설교 사역 30주년 기념 북 콘서트에서 사회를 보게 된 것입니다. 신학과 신앙에 대한 그동안의 의문을 여쭈어 볼 절호의 기회였습니다. 목사님은 신선한 답변을 주셨으며, 제가 이때까지 가졌던 의문의 적지 않은 부분이 해소되었습니다.

그러나 시간적 제한으로 인해 상당히 아쉬운 가운데 갈증은 여전했습니다. 그래도 선망하고 존경하는 박영선 목사님을 직접 뵙는 기회를 가질 수 있었던 자체가 제게는 하나의 큰 의미 있는 사건이었습니다. 그러던 중 두란노 출판사에서 박영선 목사님과의 대담집을 엮어 보자는 제안이 들어왔습니다. 그때가 2014년이었습니다. 목사님도 은퇴를 즈음하여 한국 기독교계에 전하고 싶은 말씀이 있다며 흔쾌히 응하셨습니다.

목사님의 통찰이 남다르다는 것은 이전부터 알고 있었지만, 같이하는 1년이라는 긴 시간 동안 주신 말씀들은 정말 무르익을 대로 익은 귀한 말씀들이었습니다. 가까이에서 긴 시간 대화를 나누는 가운데 달리 느낀 점은, 지금의 박영선 목사님의 경지도 시간을 따라 새로운 깨우침들이 점철되어 신학적 관점이 깊어지고 설교의 지경이 넓어져 다다를 수 있었다는 사실이었습니다. 인생의 연륜과 함께 신앙과 신학도 익어 가는 것임을 목사님과의 대화 가운데 알 수 있었고, 제 나이로서는 알 수 없는 삶과 신앙의 경험을 미리 전달받은 느낌이었습니다.

가야 할 길에 대하여 두려워하지 않아도 되며, 하나님은 실패와 절망과 죄 속에 뒹구는 인생 가운데서도 나를 빚어 가고 계심을 절절히 깨닫게 되었습니다. 현상적으로 보이는 한국 교회의 현실을 보고 절망할 필요도 없다는 것을 알게 되었습니다.

본격적으로 대담에 집중한 6개월, 그리고 추가적으로 이루어진 시간들을 목사님과 같이하며 신앙과 신학, 그리고 삶의 전반에 대한 의문들을 여쭈어 볼 수 있었던 것은 제게 감개무량한 감사의 시간이었습니다. 평생의 못 잊을 추억이 될 것입니다. 개인적인 만남으로 인해 제 영혼의 유익은 말할 것도 없거니와 무엇보다도 귀한 스승님을 만나게 된 것은 하나님의 은혜가 아닐 수 없습니다. 삶의 현실이나 목회 대상에 있어서 부름 받은 자리가 다름에도 불구하고 목사님과 저는 동일하신 하나님을 느끼고 추구하고 있었음을 느낄 수 있었습니다.

박영선 목사님의 사유의 깊이와 넓이는 생래적인 예리한 통찰과 세월의 흔적이 남긴 연륜과 엄청난 독서량이 합해진 결과물이었습니다. 나누었던 수많은 이야기 속에는 목사님의 질곡의 세월이 녹아 있었습니다. 목사님과의 만남의 자리는 무엇보다 소외된 자와 가난한 자를 살피시는 하나님을 느낄 수 있는 자리였습니다. 그 자리는 거부하고 싶은 삶의 처절함 속에서도 여전히 일하고 계시는 하나님을 소개받는 자리의 느낌이었으며, 영혼의 밤을 지나며 외롭고 초라하고 깜깜한 현실에서도 신실하신 하나님을 신뢰하는 지혜가 장착되는 자리였습니다.

책이 나오기 전 목사님과 마지막 만남을 가진 날이 생각납니다. 남포교회 원로목사님의 소천으로 교회적으로 꽤 분주한 상황이었습니다. 하나님에 대해, 믿음에 대해, 한국 교회와 믿음의 현실에 대한 저의 많은 궁금증과 목사님의 답변들이 하나둘 떠오르며 여러 상황들이 오버랩되었습니다.

그때 목사님께 어떤 변화가 있을 것인지 여쭈었는데 "존경하는 분이셨습니다"라는 말씀과 "아직 설교할 것이 많습니다"라는 말씀을 하셨습니다. 가까이 모시는 믿음의 선배를 존경하는 삶, 그리고 여전히 하나님과 복음에 대해 할 말이 있다는 사명, 그리고 그 열심이 저에게 깊은 울림을 주었습니다. 목사님께서 들려주신 통찰의 메시지들을 소중히 여기며 저도 더 힘차게 전진해 나가려 합니다.

2016년 4월

김관성 목사